SCHMITT 1964

ŒUVRES COMPLÈTES

DE

SIR WALTER SCOTT.

Traduction Nouvelle.

PARIS,

CHARLES GOSSELIN ET A. SAUTELET ET C°

LIBRAIRES-ÉDITEURS.

M DCCC XXX.

ŒUVRES COMPLÈTES

DE

SIR WALTER SCOTT.

TOME SOIXANTE-DIX-NEUVIÈME.

125

Z

60203
-60204

IMPRIMERIE DE H. FOURNIER,
RUE DE SEINE, N° 14.

CHARLES

LE TÉMÉRAIRE,

OU

ANNE DE GEIERSTEIN

LA FILLE DU BROUILLARD.

(Anne of Geierstein or the maiden of the mist.)

TOME TROISIÈME.

CHARLES
LE TÉMÉRAIRE,
OU
ANNE DE GEIERSTEIN
LA FILLE DU BROUILLARD.

(Anne of Geierstein or the maiden of the mist.)

CHAPITRE XIX.

PREMIER PORTEUR.

« Hé, palefrenier! — Maudit sois-tu! n'as-tu pas des yeux « dans la tête? Ne peux-tu entendre? Je veux être un infame « coquin si ce ne serait pas une aussi bonne action de te « briser le crâne, que de vider un flacon. — Viens donc, et « puisses-tu être pendu! — N'as-tu pas un seul grain de foi?

GADSHILL.

« Prête-moi ta lanterne, je te prie, pour conduire mon « cheval dans l'écurie.

DEUXIÈME PORTEUR.

« Tout doux, s'il vous plaît. — Je connais un tour qui en « vaut deux comme celui-là.

GADSHILL.

« Je t'en prie, prête-moi la tienne.

TROISIÈME PORTEUR.

« Oui, quand? Ne peux-tu le dire? — Te prêter ma lan-« terne, dis-tu? sur ma foi, je te verrai pendu auparavant. »

SHAKSPEARE.

BIBLIOTHÈQUE ROYALE

L'ESPRIT social, particulier à la nation française, avait déjà introduit dans les auberges de France cet accueil enjoué et prévenant sur lequel Erasme, à une époque postérieure, appuie si fortement comme faisant contraste avec la réception grave et sombre qui attendait les voyageurs dans une hôtellerie allemande. Philipson s'attendait donc à voir accourir à lui un hôte empressé, civil et bavard, une hôtesse et sa fille, pleines de douceur, d'enjouement et de coquetterie, un garçon souple et attentif, une chambrière officieuse et souriante. On trouvait aussi dans les principales auberges de France des chambres séparées où les voyageurs pouvaient changer de linge et d'habits, faire leurs ablutions, et dormir sans avoir quelques étrangers dans leur appartement, et déposer leur bagage en sûreté. Mais tous ces avantages étaient un luxe encore inconnu en Allemagne; et, en Alsace, où la scène se passe à présent, on aurait regardé comme des efféminés les voyageurs qui auraient désiré autre chose que les provisions strictement nécessaires, encore ne se trouvaient-elles ni de première qualité, ni en abondance, à l'exception du vin.

L'Anglais, voyant que personne ne paraissait à la porte, commença à annoncer sa présence en appelant à haute voix. Enfin il descendit de cheval, et frappa longtemps de toutes ses forces à la porte de l'auberge sans qu'on y fît la moindre attention. Cependant la tête grise d'un vieux serviteur se montra à une petite fenêtre, et lui demanda ce qu'il voulait, d'un ton qui indiquait plus de mécontentement d'être interrompu, que de satisfaction de voir arriver une pratique dont on pouvait attendre quelque profit.

— Cette maison est-elle une auberge? reprit Philipson.

— Oui, répondit le domestique d'un ton brusque; et il allait se retirer de la fenêtre, quand le voyageur ajouta :

— En ce cas, puis-je y trouver un logement ?

— Entrez, répondit le domestique laconiquement et d'un ton sec.

— Envoyez-moi quelqu'un pour prendre soin de mes chevaux, dit Philipson.

— Personne n'en a le temps, répliqua le plus repoussant de tous les garçons d'auberge; prenez-en soin vous-même comme vous l'entendrez.

— Où est l'écurie? demanda le marchand, dont la prudence et le sang-froid étaient à peine à l'épreuve de ce flegme allemand.

Le drôle, avare de ses paroles, comme si, tel que la princesse des contes de fées, il n'eût pu prononcer un mot sans qu'il tombât de sa bouche une pièce d'or, montra du doigt au voyageur un bâtiment qu'on aurait pris pour un cellier plutôt que pour une écurie; il se retira de la fenêtre et la ferma, comme s'il eût voulu se débarrasser d'un mendiant importun.

Maudissant l'esprit d'indépendance qui abandonnait ainsi les voyageurs à leurs propres ressources, et faisant de nécessité vertu, Philipson conduisit ses deux montures vers la porte qui lui avait été désignée comme celle de l'écurie, et ne fut pas fâché d'y voir briller une faible lumière à travers les fentes. Il entra dans une pièce voûtée, qui ressemblait beaucoup au cachot d'un ancien château, et qu'on avait grossièrement garnie de mangeoires et de râteliers ; elle était d'une étendue considérable en longueur, et il vit à l'extrémité opposée deux ou trois individus occupés à attacher leurs chevaux, à les étriller, et à leur donner leur provende, fournie par le garçon d'écurie.

C'était un vieillard boiteux, qui ne touchait jamais ni fouet ni étrille ; il était assis tranquillement, pesant le foin qu'il remettait aux voyageurs, et mesurant l'avoine avec tant d'attention, à l'aide d'une chandelle placée dans une lanterne de corne, qu'il avait l'air d'en compter chaque grain. Il ne tourna pas même la tête en entendant le bruit que fit l'Anglais en entrant avec ses deux chevaux ; encore bien moins parut-il disposé à se donner la moindre peine pour aider cet étranger.

A l'égard de la propreté, cette écurie alsacienne ressemblait beaucoup aux étables d'Augias, et c'eût été un exploit digne d'Hercule que de la mettre dans un état à ne pas blesser les yeux et offenser l'odorat de notre voyageur difficile. Le dégoût qu'il éprouva ne fut pourtant point partagé par ses deux compagnons, c'est-à-dire les deux chevaux. Paraissant parfaitement comprendre que la règle de cet endroit était que le premier arrivé fût servi le premier, ils se hâtèrent d'occuper deux places vides qui se trouvaient à leur portée, ce qui ne réussit pourtant pas à l'un d'eux, car un palefrenier lui appliqua un grand coup de houssine sur la tête.

— Reçois cela, s'écria le drôle, pour t'apprendre à t'emparer d'une place retenue pour le cheval du baron de Randelsheim!

Jamais, dans toute sa vie, le marchand anglais n'avait eu plus de peine à conserver son empire sur lui-même: songeant pourtant quelle honte ce serait pour lui d'avoir une querelle avec un pareil homme, et pour une telle cause, il se contenta de conduire l'animal chassé avec si peu de cérémonie de la place qu'il avait choisie, à celle qui n'était pas occupée de l'autre côté de son compagnon, et à laquelle il paraissait que personne n'avait de prétentions.

Le marchand, malgré la fatigue qu'il avait éprouvée, s'occupa alors à accorder à ses compagnons muets de voyage tous les soins qu'ils ont droit d'attendre de tout voyageur qui a un peu d'humanité. Le degré peu ordinaire d'attention que Philipson donna à ses chevaux, quoique son costume et surtout ses manières semblassent le mettre au-dessus de ce travail servile, parut faire impression, même sur le cœur de fer du vieux garçon d'écurie: il montra quelque empressement à fournir à un voyageur qui connaissait si bien tous les détails du métier de palefrenier, l'avoine, le foin et la paille dont il avait besoin, quoique en petite quantité et à un prix exorbitant, qu'il se fit payer comptant; il alla même jusqu'à se lever pour s'avancer jusqu'à la porte, et indiquer à Philipson où était placé le puits, où il fut obligé d'aller puiser de l'eau lui-même. Tous ces arrangemens étant terminés, le marchand crut avoir obtenu assez de crédit auprès du grand-écuyer de cet établissement, pour se hasarder à lui demander s'il pouvait laisser sans danger ses balles dans l'écurie.

—Vous pouvez les y laisser si vous le voulez, répondit le garçon d'écurie; mais pour qu'elles soient en toute sûreté, vous ferez plus sagement de les emporter avec vous: le moyen qu'elles ne donnent aucune tentation à personne, c'est de les garder sous vos yeux.

Après ce peu de mots, prononcés comme un oracle, le marchand d'avoine ferma la bouche, et toutes les questions que l'Anglais lui fit encore ne purent le déterminer à l'ouvrir de nouveau.

Pendant cet accueil si froid et si rebutant, Philipson se rappela la nécessité où il était de bien jouer le rôle d'un marchand prudent et circonspect, ce qu'il avait oublié une fois dans le cours de cette journée; et, imitant ce qu'il voyait faire par ceux qui s'étaient occupés comme lui du soin de leurs montures, il prit son bagage et le porta dans l'auberge. On souffrit qu'il entrât, plutôt qu'on ne le reçut, dans le *stubé* (1) public, ou appartement ouvert à tous les hôtes qui arrivaient. De même que l'arche du Patriarche, tous les êtres de la création, purs et impurs, y étaient admis sans distinction.

Le *stubé* d'une auberge allemande tirait son nom du poêle énorme dans lequel on entretenait constamment un grand feu, pour maintenir la chaleur de l'apparte-

(1) Le *stubé* signifie littéralement un poêle, mais on emploie aussi cette expression pour désigner un appartement où il s'en trouve un. — Tr.

ment dans lequel il se trouvait. Là se rassemblaient les voyageurs de tout âge et de toute condition; ils suspendaient leurs manteaux autour du poêle, soit pour les sécher, soit pour les chauffer : on les voyait s'y occuper de divers actes d'ablution et d'arrangemens personnels, qui, dans les temps modernes, se font dans le secret du cabinet de toilette.

Une pareille scène répugnait à la délicatesse plus susceptible du voyageur anglais, et il désirait s'y soustraire : il résolut donc de chercher à parler à l'aubergiste lui-même, se flattant qu'à l'aide de ces argumens qui ont tant de force sur les hommes de sa profession, il pourrait obtenir une chambre séparée, et des rafraîchissemens qu'il prendrait tranquillement. Un Ganymède à cheveux gris, à qui il demanda où était son maître, le lui montra, presque caché derrière l'énorme poêle, où, voilant sa gloire dans un coin obscur et bien chaud, il plaisait au grand homme de se dérober aux regards vulgaires. Une petite taille, des membres robustes, des jambes torses, un air d'importance, tel était son portrait; et il était à cet égard comme un grand nombre de ses confrères de tous les pays; mais sa physionomie et surtout ses manières différaient de celles du joyeux aubergiste de France ou d'Angleterre, encore plus que Philipson, malgré toute son expérience, ne s'y attendait. Il connaissait trop bien les mœurs allemandes pour se flatter de trouver dans son hôte la politesse souple et prévenante du maître d'un hôtel de France, ou même les manières franches, quoique plus brusques, d'un aubergiste anglais; mais quoique les maîtres des auberges allemandes où il avait logé fussent absolus et péremptoires en tout ce qui concernait les usages de leur pays, cependant il avait vu que, lorsqu'on leur cédait sur ce point, semblables aux tyrans dans leurs momens de bonne humeur, ils traitaient avec bonté les hôtes sur lesquels leur juridiction s'étendait, et ils allégeaient, par la plaisanterie et la gaieté, le joug pesant de leur autorité despotique. Mais le front de cet homme était sombre comme une tragédie; on aurait trouvé plus de gaieté dans le bréviaire d'un ermite; toutes ses réponses étaient brèves et brusques; son ton et ses manières avaient quelque chose d'aussi dur que les paroles qu'il prononçait. On en jugera par le dialogue suivant, qui eut lieu entre lui et le voyageur anglais.

—Mon bon hôte, lui dit Philipson, du ton le plus doux qu'il put prendre, je suis fatigué, et fort loin de me bien porter. Puis-je vous prier de me donner une chambre particulière, et de m'y faire servir un flacon de vin et quelque nourriture?

—Vous le pouvez, répondit l'hôte, mais d'un ton et d'un air qui n'étaient nullement d'accord avec l'assentiment que ses paroles semblaient indiquer.

—En ce cas, faites-moi conduire dans un autre appartement aussitôt qu'il vous sera possible.

—Tout doux! je vous ai dit que vous pouviez m'en prier, mais non pas que je consentirais à vous l'accorder. Si vous voulez être servi autrement que les autres, il faut aller chercher une autre auberge que la mienne.

— Eh bien! je me passerai de souper ce soir; je consens même à payer comme si j'avais soupé, si vous me faites donner une chambre particulière.

— Monsieur le voyageur, chacun doit être logé ici aussi bien que vous, puisque chacun paie de même. Quiconque vient dans cette auberge doit manger ce que mangent les autres, boire ce que les autres boivent, se mettre à table avec le reste de la compagnie, et aller se coucher quand les convives ont fini de boire.

— Tout cela est fort raisonnable, dit Philipson d'un ton d'humilité, puisque celui de la colère eût été ridicule, et je ne m'oppose nullement à l'observation de vos lois et de vos usages. Mais, ajouta-t-il en prenant sa bourse à sa ceinture, un malade peut avoir quelques priviléges, surtout quand il est disposé à les payer; et il me semble qu'en ce cas la rigueur de vos réglemens peut souffrir quelque modification.

— Je tiens une auberge, monsieur, et non un hôpital. Si vous restez ici, vous serez servi avec la même attention que tous les autres. Si vous ne voulez pas faire comme eux, vous pouvez sortir de ma maison et chercher une autre auberge.

Après ce refus positif, Philipson renonça à la contestation, et quitta le *sanctum sanctorum* de son hôte peu gracieux, pour attendre l'arrivée du souper, enfermé, comme un bœuf en fourrière, dans un *stubé* peuplé de nombreux habitans. Quelques-uns d'entre eux, épuisés de fatigue, abrégeaient en ronflant l'intervalle qui séparait l'instant de leur arrivée, de celui où l'on servirait le repas qu'ils attendaient. D'autres causaient ensemble des nouvelles du pays. Plusieurs jouaient aux dés ou à d'autres jeux qui pouvaient servir à faire passer le temps. Les voyageurs qui s'y trouvaient étaient de diverses conditions; on en voyait qui étaient bien mis et qui paraissaient riches, tandis que les vêtemens et les manières de quelques autres annonçaient qu'ils n'étaient que d'un rang peu au-dessus de la pauvreté.

Un frère mendiant, homme d'une humeur joviale et agréable, s'approcha de Philipson et entra en conversation avec lui. L'Anglais avait assez d'expérience du monde pour savoir qu'il ne pouvait mieux voiler ce qu'il ne voulait pas découvrir de ses affaires et de ses projets que sous un extérieur de franchise et de dispositions sociales. Il reçut donc les avances du frère avec cordialité, et causa avec lui de la situation de la Lorraine, et de l'intérêt que paraissait devoir faire naître, tant en France qu'en Allemagne, la tentative du duc de Bourgogne pour s'emparer de ce fief. Se contentant d'entendre l'opinion de son compagnon sur ce sujet, Philipson s'abstint d'énoncer la sienne, et, après avoir écouté les nouvelles qu'il plut au frère de lui communiquer, il lui parla de la géographie du pays, des facilités qu'y trouvait le commerce, et des réglemens qui le gênaient ou qui le favorisaient.

Tandis qu'il était occupé de cet entretien, qui semblait naturel à un homme de sa profession, l'hôte entra tout à coup dans la chambre, monta sur un vieux baril, promena lentement ses regards tout autour de l'appartement; après avoir terminé cette revue, il donna ce double ordre d'un ton d'autorité: — Qu'on ferme les portes! qu'on mette la table!

— Que le bon saint Antoine soit loué! s'écria le frère. Notre hôte a enfin renoncé à l'espoir de voir arriver ce soir de nouveaux voyageurs, sans quoi il aurait continué à nous faire jeûner sans pitié. Oui, voici qu'on apporte la nappe. La vieille porte est maintenant bien verrouillée, et quand Ian Mengs a une fois dit: qu'on ferme la porte! le voyageur peut y frapper aussi longtemps que bon lui semble, et être bien sûr qu'on ne la lui ouvrira pas.

— *Mein herr* Mengs maintient une stricte discipline dans sa maison, dit l'Anglais.

— Aussi stricte que celle du duc de Bourgogne dans la sienne, répondit le frère. Après dix heures, personne n'entre plus. Le *cherchez une autre auberge*, qui jusqu'alors n'est qu'une menace conditionnelle, devient, quand l'horloge a sonné et que les domestiques ont commencé leur ronde, un ordre positif d'exclusion. Celui qui est en dehors doit y rester, et il faut que celui qui est dans l'intérieur y reste de même, jusqu'à ce que la porte s'ouvre au point du jour. Jusqu'alors, cette maison est comme une citadelle assiégée, dont Ian Mengs est le sénéchal.

— Et nous sommes ses prisonniers, mon bon frère? dit Philipson. Eh bien! j'y consens. Un voyageur sage doit se soumettre aux volontés des chefs du peuple parmi lequel il se trouve: et j'espère qu'un potentat qui a l'embonpoint du seigneur Mengs nous montrera autant de clémence que son rang et sa dignité le lui permettent.

Pendant qu'ils causaient ainsi, le vieux garçon, en poussant de profonds soupirs et des gémissemens, adapta à une table qui était au milieu du *stubé* différentes planches qui servaient à l'allonger, afin de la rendre suffisante pour le nombre de convives qui allaient s'y asseoir, et la couvrit d'une nappe qui n'était remarquable ni par sa blancheur, ni par sa finesse. Lorsque cette table eut été arrangée de manière à pouvoir admettre tous les convives qui se trouvaient dans la salle, on plaça devant chacun d'eux une assiette de bois, une cuiller et un verre, personne n'étant supposé voyager sans avoir en poche un couteau pour s'en servir à table. Quant aux fourchettes, elles ne furent connues qu'à une époque bien postérieure, et tous les Européens se servaient alors de leurs doigts pour prendre les morceaux et les porter à leur bouche, comme les Asiatiques le font encore aujourd'hui.

Dès que la table fut mise, les convives affamés se hâtèrent d'y prendre place. Les dormeurs s'éveillèrent, les joueurs interrompirent leur partie, les oisifs et les politiques renoncèrent à leurs savantes discussions, afin de s'assurer une bonne place et d'être prêts à jouer leur rôle dans la solennité intéressante qui semblait sur le point de commencer. Mais il peut se passer bien des choses entre la coupe et les lèvres, et il s'écoule quelquefois bien du temps entre le moment où l'on met la nappe et celui où l'on sert le repas. Tous les convives étaient assis autour de la table, chacun tenant en main son couteau, et menaçant déjà les vivres, qui étaient encore l'objet des opérations du cuisinier. Ils avaient attendu, avec plus ou moins de patience, une bonne demi-heure, quand enfin le vieux garçon dont il a déjà été parlé arriva avec une grande cruche de vin de la Moselle, si léger et si acide, que Philipson remit son verre sur la table dès qu'il y eut goûté, et que toutes ses dents en furent agacées. Cette marque d'insubordination n'échappa point à l'hôte, qui avait pris place au haut bout de la table, sur un siège un peu plus élevé que les autres, et il ne manqua pas de la réprimer.

—Ce vin ne vous plaît pas, à ce qu'il me semble, mon maître, dit-il au marchand anglais.

—Comme vin, non, répondit Philipson; mais s'il y a quelque chose qui exige du vinaigre, j'en ai rarement trouvé de meilleur.

Cette plaisanterie, quoique faite avec calme et bonne humeur, parut mettre en fureur l'aubergiste.

—Colporteur étranger, s'écria-t-il, qui êtes-vous pour oser trouver à redire à mon vin, qui a reçu l'approbation de tant de princes, de ducs, de rhingraves, de comtes, de barons et de chevaliers du Saint-Empire, dont vous n'êtes pas digne de nettoyer les souliers? N'est-ce pas de ce vin que le comte palatin de Nimmersatte a bu six pintes avant de quitter la chaise sur laquelle je suis maintenant assis?

—Je n'en doute pas, mon hôte, et je n'accuserais

pas cet honorable seigneur d'avoir manqué aux lois de la sobriété, quand même il en aurait bu le double.

— Silence! mauvais railleur! s'écria l'hôte, et faites-moi amende honorable sur-le-champ, ainsi qu'au vin que vous avez calomnié, ou je vais ordonner qu'on ne serve le souper qu'à minuit.

Cette menace répandit une alarme générale parmi les convives. Tous déclarèrent qu'ils étaient bien loin de partager l'opinion injurieuse de Philipson, et plusieurs proposèrent que Ian Mengs punît le vrai coupable en le mettant sur-le-champ à la porte de sa maison, plutôt que de faire retomber les conséquences de sa faute sur tant de gens innocens qui avaient bon appétit: ils assurèrent que le vin était excellent, et deux ou trois vidèrent même leur verre pour donner une preuve de leur sincérité; enfin ils offrirent, non leur vie et leur fortune, mais l'aide de leurs mains et de leurs pieds pour exécuter contre l'Anglais réfractaire la sentence qui le mettrait au ban, non de l'Empire, mais de l'auberge. Tandis que des pétitions et des remontrances assaillaient Mengs de tous côtés, le frère mendiant, en sage conseiller et en ami fidèle, cherchait à calmer cette querelle en invitant Philipson à reconnaître la souveraineté de l'hôte.

— Humiliez-vous, mon fils, lui dit-il, et faites plier l'inflexibilité de votre cœur devant le haut et puissant seigneur du tonneau et de la cannelle. Je parle ainsi pour les autres comme pour moi-même, car le ciel seul peut savoir combien de temps nous serons encore en état d'endurer ce jeûne.

— Mes dignes amis, dit Philipson, je suis fâché d'avoir offensé notre respectable hôte, et je suis si loin de vouloir trouver des défauts à son vin, que je consens à en payer une seconde cruche, qui sera distribuée à toute cette honorable compagnie (pourvu qu'on me dispense d'en boire ma part).

Ces derniers mots furent prononcés tout bas; mais l'Anglais ne manqua pas de s'apercevoir, d'après les grimaces de quelques convives qui avaient le palais plus délicat, qu'ils craignaient autant que lui d'avoir une double ration de ce breuvage acide.

Le frère proposa alors à la compagnie que le marchand étranger qui venait de se condamner lui-même à une amende, au lieu de s'en acquitter par une cruche de vin semblable à celui dont il avait médit, en payât une mesure d'un vin plus généreux qu'on avait coutume de servir quand le repas était terminé. Notre hôte y trouvait son avantage aussi-bien que les convives, et, comme Philipson n'y fit aucune objection, la proposition fut adoptée à l'unanimité, et Mengs, du haut de son siège, donna le signal pour qu'on servît le souper.

Ce repas, long-temps attendu, parut enfin, et l'on employa, pour y faire honneur, le double du temps qu'on avait passé à l'attendre. Les mets dont se composait le souper, et la manière de les servir, étaient faits pour mettre la patience de la compagnie à une aussi rude épreuve. Des terrines de soupe et des plats de légumes se succédèrent, et des viandes rôties et bouillies firent ensuite le tour de la table. Des boudins, du bœuf fumé, du poisson salé, parurent aussi avec divers assaisonnemens nommés *botargue* et *caviar*, composés d'œufs de poisson et d'épices, et propres à exciter la soif, et par conséquent à faire boire. Des flacons de vin accompagnèrent ces mets recherchés. Mais ce vin était si supérieur en saveur et en force au vin d'ordinaire qui avait occasioné une querelle, qu'on pouvait lui faire le reproche contraire, car il était si fort, si spiritueux, si capiteux, que Philipson, en dépit de la mercuriale que sa critique lui avait déjà value, se hasarda de demander de l'eau pour le couper.

— Vous êtes difficile à satisfaire, Monsieur! s'écria l'hôte en le regardant d'un air mécontent et en fronçant le sourcil. Si vous trouvez le vin trop fort chez moi, je vous apprendrai un secret pour en diminuer la force. C'est d'en boire moins. Il nous est indifférent que vous buviez ou que vous ne buviez pas, pourvu que vous payiez l'écot de ceux qui boivent. Et il termina son discours par un grand éclat de rire.

Philipson allait lui répliquer; mais le frère, conservant son caractère de médiateur, le tira par l'habit, et le conjura de n'en rien faire.

— Vous ne connaissez pas les manières de ce pays, lui dit-il; vous n'êtes ici ni dans une auberge d'Angleterre ni dans une auberge de France, où chacun demande ce qu'il désire, et ne paie que ce qu'il a demandé. Nous agissons ici d'après un grand principe d'égalité et de fraternité. Personne ne réclame rien pour son usage particulier, et chacun prend sa part des mets que l'hôte juge suffisans pour tous ceux qui sont assis indistinctement à sa table. Il en est de l'écot comme du festin, chacun paie la même somme sans qu'on ait égard au plus ou moins de vin qu'il a pu boire. Ainsi le malade, l'infirme, même la femme et l'enfant, paient tout autant que le paysan affamé et le lansquenet vagabond.

— Cette coutume ne me paraît pas juste, dit Philipson, mais un voyageur ne doit pas s'ériger en juge. Ainsi donc, à ce que je comprends, chacun ici paie le même écot, quand vient le moment de compter?

— Telle est la règle, répondit le frère, excepté peut-être quelque pauvre frère de notre ordre, que Notre-Dame et saint François envoient dans une auberge comme celle-ci, pour fournir à de bons chrétiens l'occasion de faire un pas vers le ciel, en exerçant envers lui un acte de charité.

Les premiers mots de ce petit discours furent prononcés avec le ton franc et indépendant que le frère avait pris en commençant la conversation; mais les derniers le furent avec cet accent qui est particulier à la profession de moine mendiant, et ils apprirent sur-le-champ à Philipson quel prix il devait payer pour les conseils et la médiation du bon frère. Après avoir ainsi expliqué les usages du pays, le frère Gratien songea à en donner une démonstration pratique par son exemple, et, loin de critiquer la force du vin, il sembla disposé à se signaler parmi les buveurs les plus déterminés, et bien résolu à ne pas avoir un sou à payer pour ce qu'auraient bu les autres. Les libations produisirent peu leur effet ordinaire. L'hôte lui-même perdit quelque chose de son aspect sombre et farouche, et il sourit en voyant l'étincelle électrique de la gaieté passer rapidement d'un convive à l'autre, à l'exception d'un très petit-nombre qui étaient trop amis de la tempérance pour caresser fréquemment la bouteille, ou trop dédaigneux pour prendre part aux discussions qu'elle faisait naître. L'hôte jetait de temps en temps sur ceux-ci un regard mécontent et courroucé.

Philipson était réservé et silencieux, tant parce qu'il s'abstenait de donner de trop fréquentes accolades au flacon, que parce qu'il ne se souciait pas d'entrer en conversation avec des étrangers. Mengs le trouvait en défaut sur ces deux points; et à mesure que le vin anima son caractère indolent, il commença à lancer des sarcasmes contre les gens qui étaient des rabat-joie, des gâte-pâte, des ennemis du plaisir du prochain, et autres épithètes semblables clairement dirigées contre l'Anglais. Philipson répondit avec le plus grand calme qu'il sentait parfaitement qu'il n'était pas en état en ce moment de se rendre un membre agréable d'une compagnie disposée à se livrer à la joie, et qu'avec la permission de toute la société il se retirerait dans sa chambre, en leur souhaitant à tous le bonsoir et la continuation de leur gaieté.

Mais cette proposition très-raisonnable, comme on aurait pu la trouver ailleurs, était un acte de haute trahison contre les lois d'une orgie de buveurs allemands.

— Qui êtes-vous, s'écria Mengs, pour vous permettre de quitter la table avant qu'on ait demandé et payé l'écot? *Sapperment der teufel!* Nous ne sommes pas des gens qu'on puisse insulter ainsi avec impunité! Vous pouvez aller donner des preuves de politesse dans Ram's-Alley, ou dans East-Cheap, ou dans Smithfield, si bon vous semble, mais ce ne sera pas chez Ian Mengs, à l'enseigne de la Toison-d'Or, et je ne souffrirai pas qu'un de mes hôtes aille se coucher, pour n'être pas présent au moment de payer l'écot, et me duper, moi et tout le reste de la compagnie.

Philipson regarda autour de lui pour s'assurer de ce que pensaient ses compagnons de table; mais il ne trouva dans leurs yeux rien qui pût l'encourager à en appeler à leur jugement. Dans le fait, un très-petit nombre d'entre eux avaient encore la tête un peu saine, et ceux qui étaient en état de faire attention à ce qui se passait étaient de vieux buveurs, hommes tranquilles, qui commençaient déjà à songer à l'écot, et qui étaient disposés à partager l'opinion de l'hôte et à regarder le marchand anglais comme un aigrefin qui voulait éviter d'avoir à payer sa portion du vin qu'on pourrait boire après son départ. Mengs reçut donc les applaudissemens de toute la société, quand il termina sa philippique triomphante en ajoutant:

— Oui, monsieur, vous pouvez vous retirer, si bon vous semble; mais, *potz tausand!* ce ne sera plus maintenant pour aller chercher une autre auberge; vous irez dans la cour, et vous coucherez sur la litière de l'écurie. C'est un lit assez bon pour un homme qui veut être le premier à quitter bonne compagnie.

— Bien dit, mon joyeux hôte! s'écria un riche commerçant de Ratisbonne; et nous sommes ici une demi-douzaine, plus ou moins, qui vous soutiendrons pour maintenir les bonnes et vieilles coutumes d'Allemagne, et les estimables réglemens de la Toison-d'Or.

— Ne vous fâchez pas, monsieur, dit Philipson; il en sera tout ce que vous voudrez, vous et vos trois compagnons, que le bon vin a multipliés au nombre de six; et puisque vous ne voulez pas me permettre d'aller me coucher, j'espère que vous ne vous offenserez pas si je m'endors sur ma chaise.

— Qu'en dites-vous, qu'en pensez-vous, mon hôte? reprit le bourgeois de Ratisbonne. Monsieur étant ivre, comme vous le voyez, puisqu'il peut dire que trois et un font six; je dis peut-il, étant ivre, s'endormir sur sa chaise?

L'hôte répondit à cette question en soutenant que trois et un faisaient quatre, et non pas six. Cette réponse fut suivie d'une réplique par le marchand de Ratisbonne. D'autres clameurs partirent en même temps, et ce ne fut pas sans peine que le silence se rétablit parmi les convives pour écouter des couplets à refrain joyeux que le bon frère, qui commençait alors à oublier la règle de saint François, entonna de meilleur cœur qu'il n'avait jamais chanté un cantique du roi David. Philipson profita de ce moment de tumulte pour se retirer un peu à l'écart, et, quoiqu'il lui fût impossible de dormir, comme il se l'était proposé, il put du moins se mettre à l'abri des regards courroucés que Mengs jetait sur ceux qui ne demandaient pas du vin à grands cris, et qui ne vidaient pas de fréquentes rasades. Ses pensées étaient pourtant bien loin de la Toison-d'Or, et dirigées sur des objets qui n'avaient guère de rapport avec les sujets de conversation qui étaient sur le tapis, quand il entendit frapper à grands coups à la porte de l'auberge.

— Qui avons-nous là? s'écria Mengs dont le nez même rougit d'indignation. Qui diable ose frapper à une pareille heure à la porte de la Toison-d'Or, comme si c'était celle d'un mauvais lieu? Que quelqu'un aille regarder à la fenêtre de la tourelle! Geoffroy! drôle, ou bien toi, vieux Timothée, allez dire à cet impudent que personne n'entre à la Toison-d'Or à une heure indue.

Tous deux partirent pour obéir à leur maître; et on les entendit du *stubé* se disputer à qui affirmerait le plus positivement à l'infortuné voyageur qui demandait à entrer qu'il ne serait pas reçu dans l'auberge. Cependant ils revinrent bientôt annoncer à leur maître qu'ils ne pouvaient vaincre l'obstination de cet étranger, qui refusait opiniâtrément de se retirer avant d'avoir parlé à Mengs en personne.

Cette opiniâtreté de mauvais augure enflamma de courroux le maître de la Toison-d'Or, et, avec la rapidité de la flamme, son indignation s'étendit de son nez à ses joues et à son front. Il se leva de table, prit en main un gros gourdin qui semblait être son sceptre ou son bâton de commandement, et sortit en murmurant qu'il savait comment caresser les épaules des fous, et leur rafraîchir les oreilles avec un seau d'eau froide ou d'eau de vaisselle. Il monta à la fenêtre qui donnait sur la rue, et pendant ce temps les convives se faisaient des signes, se jetaient des clins d'œil, et se disaient quelques mots à voix basse, s'attendant à chaque instant à entendre quelques preuves bruyantes de sa colère. Il n'en fut pourtant rien, car à peine Mengs avait-il eu le temps d'échanger avec l'étranger quelques mots que personne ne put entendre distinctement, que toute la compagnie fut au comble de la surprise en entendant tirer les verroux et ouvrir la serrure de la porte de l'auberge, ce qui fut suivi par le bruit des pas de plusieurs personnes montant l'escalier. Enfin l'hôte rentra dans le *stubé*, et, avec une apparence de politesse gauche, il pria les convives de faire une place à un respectable voyageur qui venait se joindre à eux, quoiqu'un peu tard. Il était suivi par un homme de grande taille enveloppé d'un manteau de voyage, et dès qu'il s'en fut débarrassé Philipson reconnut en lui son compagnon de voyage, le prêtre de Saint-Paul.

Cette circonstance, en elle-même, n'offrait rien de bien étonnant. Il était naturel qu'un aubergiste, quelque grossier, quelque impertinent qu'il pût être à l'égard de ses autres hôtes, montrât de la déférence pour un ecclésiastique, soit par suite de son rang dans l'église, soit à cause de sa réputation de sainteté. Mais ce qui parut plus étonnant à Philipson, ce fut l'effet que produisit l'arrivée de ce convive inattendu. Il s'empara, sans hésiter, de la place d'honneur, où siégeait auparavant le riche commerçant de Ratisbonne, que Mengs avait détrôné sans cérémonie, malgré son zèle pour les bonnes et vieilles coutumes allemandes, sa fidélité inébranlable aux louables réglemens de la Toison-d'Or, et son goût prononcé pour les rasades. Le prêtre de Saint-Paul prit sur-le-champ possession sans scrupule de ce siège éminent, après avoir répondu avec un air de négligence aux politesses de son hôte; et l'on aurait dit que l'effet de sa longue robe noire substituée à l'habit galonné et à taillades de son prédécesseur, et du regard glacial que ses yeux gris laissaient tomber à la ronde sur toute la compagnie, ressemblait un peu à celui que produisait, suivant la fable, la vue de la tête de Méduse; car s'il ne changeait pas littéralement en pierre ceux dont les yeux rencontraient les siens, il y avait quelque chose de pétrifiant dans ce regard fixe que l'on eût dit vouloir lire au fond de l'ame de chacun de ceux qu'il examinait tour à tour, sans daigner leur accorder une plus longue attention.

Philipson fut à son tour l'objet de cet examen momentané; mais il ne s'y mêla rien qui indiquât que le prêtre eût dessein d'avoir l'air de le connaître. Tout le courage et tout le sang-froid de l'Anglais ne purent l'empêcher de sentir une sorte de malaise, quand les yeux de cet homme mystérieux se fixèrent sur lui, et il éprouva du soulagement quand ils passèrent à son voisin, qui parut souffrir à son tour de l'effet glacial de ce regard. Le bruit de la joie et de l'ivresse, les discussions produites par le vin, les argumens bruyans, les éclats de rire, qui l'étaient encore davantage, tout ce tumulte avait été suspendu à l'instant où le prêtre était entré dans le *stubé*. Deux ou trois tentatives pour faire renaître la gaieté échouèrent d'elles-mêmes. On aurait dit que le festin s'était changé tout à coup en funérailles, et que les joyeux convives étaient devenus les personnages lugubres et muets qui escortaient le convoi. Un petit homme à figure bourgeonnée, qu'on apprit ensuite être un tailleur d'Augsbourg, ayant peut-être l'ambition de montrer un degré de courage qu'on ne regarde pas ordinairement comme un attribut de sa profession efféminée (1), fit un effort, et cependant ce fut d'une voix timide et contrainte qu'il invita le frère Gratien à répéter sa chanson. Mais, soit qu'il n'osât pas se permettre un passe-temps si peu canonique en présence d'un confrère qui était dans les ordres, soit qu'il eût quelque autre raison pour se refuser à cette invitation, le moine mendiant baissa la tête et la secoua d'un air si mélancolique, que le tailleur parut aussi confus que si on l'eût surpris volant du drap sur une robe de cardinal, ou une aune de galon sur une chasuble ou sur un devant d'autel. En un mot, un profond silence succéda à l'orgie, et les convives étaient si attentifs à tout ce qui

(1) Un proverbe anglais dit qu'il faut neuf tailleurs pour faire un homme. L'origine en vient, dit-on, de ce qu'il arriva une fois à un homme seul d'en battre neuf de cette profession. — Tr.

pourrait arriver, que, lorsque les cloches de l'église sonnèrent une heure après minuit, ils tressaillirent comme si c'eût été le tocsin qui eût annoncé une incendie ou un assaut. Le prêtre, qui avait fait à la hâte un léger repas que Mengs lui avait fait servir sans la moindre difficulté, sembla penser que les cloches, qui annonçaient l'heure des laudes, premier service de l'Église après minuit, donnaient un signal pour se lever de table.

— Nous avons pris de la nourriture pour le soutien de notre corps, dit-il : maintenant prions le ciel de nous accorder les dispositions nécessaires pour bien mourir; car la mort suit la vie aussi infailliblement que la nuit succède au jour, et que l'ombre accompagne un rayon de soleil, quoique nous ne connaissions ni le lieu ni le temps où la mort doit nous frapper.

Tous les convives se découvrirent et baissèrent la tête, comme par un mouvement instinctif, pendant qu'il prononçait d'une voix solennelle une prière en latin pour rendre graces au ciel de la protection qu'il leur avait accordée à tous pendant la journée précédente, et pour le supplier de la leur continuer pendant les heures de ténèbres qui allaient s'écouler avant le retour de la lumière. Quand il eut terminé, tous ses auditeurs baissèrent la tête encore plus profondément, comme par signe d'assentiment à la prière du prêtre, et lorsqu'ils la levèrent le prêtre de Saint-Paul avait déjà quitté l'appartement avec l'hôte, qui le conduisit probablement dans la chambre où il devait passer la nuit. Quand on eut vu qu'il était sorti, on recommença à se faire des signes, des clins d'œil, et même à se dire quelques mots à voix basse, mais personne ne se permit d'élever la voix ni d'avoir une conversation suivie, de sorte que Philipson ne put rien entendre distinctement. Se conformant à ce qui semblait être l'étiquette du moment, il se hasarda lui-même à demander à demi-voix au frère près duquel il était assis, si le digne ecclésiastique qui venait de se retirer n'était pas le prêtre de Saint-Paul, qui demeurait dans la ville frontière de la Férette.

— Si vous savez qui il est, pourquoi me le demandez-vous? lui répondit le frère Gratien d'un ton et d'un air qui prouvaient que les fumées que le vin avait pu lui faire monter à la tête s'étaient dissipées tout à coup.

— C'est que je voudrais savoir, répondit le marchand, par quel talisman il a changé tant de joyeux buveurs en hommes graves et sobres, et fait d'une compagnie si bruyante un couvent de Chartreux?

— L'ami, répliqua le frère, vous m'avez bien l'air de demander ce que vous savez parfaitement; mais je ne suis pas de ces sots oiseaux qui se laissent prendre au leurre. Si vous connaissez ce prêtre, vous devez connaître aussi la cause de la terreur qu'inspire sa présence. Il serait plus sûr de se permettre une plaisanterie dans la sainte chapelle de Lorette que devant lui.

A ces mots, et comme s'il eût craint que cette conversation ne se prolongeât, il se retira à quelque distance de Philipson.

L'hôte reparut en ce moment, et ses manières étaient, un peu plus qu'auparavant, celles d'un aubergiste ordinaire. Il ordonna à son garçon Geoffroy de servir à toute la compagnie ce qu'on appelait le coup de la nuit ou de l'oreiller. C'était une liqueur distillée, mêlée d'épices, et Philipson lui-même fut obligé de reconnaître qu'il n'en avait jamais bu de meilleure. Pendant ce temps, Mengs, avec un peu plus de déférence qu'il n'en avait encore témoigné, dit à ses hôtes qu'il espérait qu'ils étaient satisfaits de la manière dont ils avaient été reçus : cependant il fit cette question d'un ton si négligent, qu'il était évident qu'il y entrait fort peu d'humilité, comme s'attendant à la réponse affirmative qui lui fut faite unanimement. Cependant le vieux Timothée inscrivait avec de la craie, sur le dessous d'un plat de bois, le compte général de l'écot, dont les détails étaient indiqués par des hiéroglyphes de convention ; il fit la division du total par le nombre des convives, fit examiner l'exactitude de son calcul, et alla ensuite demander la part de chacun.

Quand la fatale assiette dans laquelle chacun déposait son argent fut sur le point d'approcher du frère Gratien, sa physionomie parut changer. Il jeta un regard piteux sur Philipson, comme étant le seul individu en la charité duquel il pût avoir quelque espoir ; et notre marchand, quoique mécontent du peu de confiance que le moine mendiant venait de lui montrer, voulant bien se permettre une petite dépense pour se procurer en pays étranger une connaissance que le hasard pouvait rendre utile, paya l'écot du frère et le sien. Frère Gratien lui fit force remerciemens en bon allemand et en mauvais latin; mais l'hôte ne lui laissa pas le temps de les finir, car, s'approchant de Philipson une chandelle à la main, il lui offrit ses services pour le conduire dans sa chambre à coucher, et porta même la condescendance jusqu'à se charger lui-même de son bagage.

— Vous prenez trop de peines, mon bon hôte, dit le marchand un peu surpris du changement subit survenu dans les manières de l'aubergiste, qui jusque-là l'avait contrarié en tout.

— Je n'en puis trop prendre, répondit Mengs, pour un hôte que mon vénérable ami le prêtre de Saint-Paul a spécialement recommandé à mes soins.

Il ouvrit alors la porte d'une petite chambre à coucher, où tout était préparé pour la réception du voyageur.

— Vous pouvez vous reposer ici, ajouta-t-il, jusqu'à telle heure de la matinée qu'il vous plaira, et rester chez moi aussi long-temps que vous le jugerez à propos. Cette clef mettra vos marchandises à l'abri du vol et du pillage de toute espèce. Je n'agis pas ainsi à l'égard de tout le monde, car si je donnais un lit séparé à chacun de mes hôtes, la première chose qu'ils me demanderaient ensuite serait une table particulière; alors, adieu nos bonnes et vieilles coutumes allemandes, et nous deviendrions aussi frivoles et aussi ridicules que nos voisins.

Il plaça les balles sur le plancher, et il semblait sur le point de se retirer, quand, se tournant vers Philipson, il commença à lui faire une sorte d'apologie de la grossièreté de sa conduite.

— J'espère qu'il n'y a point de rancune entre nous, mon digne hôte, lui dit-il. Vous pourriez aussi-bien vous attendre à voir un de nos ours descendre des montagnes pour faire les mêmes tours qu'un singe, qu'à trouver un de nous autres, vieux et revêches Allemands, révérencieux comme un aubergiste français ou italien. Mais je vous prie de remarquer que si nos manières sont brusques, nos écots sont raisonnables, et que nous ne trompons jamais sur la qualité des denrées que nous fournissons. Nous n'avons pas recours à des révérences et à des grimaces afin de faire passer le vin de la Moselle pour du vin du Rhin; et nous n'empoisonnons pas, comme le traître Italien, ce que nous vous offrons, tout en vous appelant *Illustrissimo* et *Magnifico*.

Ces mots parurent avoir épuisé toute la rhétorique de Mengs; car, dès qu'il les eut prononcés, il se détourna brusquement, et sortit de l'appartement.

Philipson perdit ainsi une autre occasion de demander qui était et ce que pouvait être cet ecclésiastique qui exerçait une telle influence sur tout ce qui approchait de lui. Au fond, il n'avait aucun désir de prolonger son entretien avec son hôte, quoique Mengs se fût dépouillé en grande partie de son abord sombre et repoussant; et pourtant il aurait bien voulu savoir qui pouvait être cet homme qui n'avait besoin que de prononcer un mot pour détourner les poignards de bandits alsaciens, habitués au vol et au pillage, comme l'étaient alors les habitans de tous les pays frontières, et pour changer en civilité la grossièreté proverbiale d'un aubergiste allemand. Telles étaient les réflexions de Philipson, tandis qu'il se débarrassait de ses vêtemens pour goûter un repos dont il avait grand besoin après un jour de fatigue, de dangers et d'embarras, et pour se jeter sur le lit que lui offrait l'hospitalité de la Toison-d'Or dans le Rhein-Thal.

CHAPITRE XX.

MACBETH.

« Eh bien, filles de la nuit, noires et mystérieuses « sorcières, que faites-vous?

LES SORCIÈRES.

— « Une chose qui n'a pas de nom. »

SHAKSPEARE

Nous avons dit, en finissant le chapitre précédent, qu'après une journée de fatigue extraordinaire et d'agitation peu commune, le marchand anglais espérait oublier tant d'incidens étrangers en se livrant à ce profond repos qui est la suite et le remède d'un épuisement extrême ; mais à peine s'était-il étendu sur son humble couchette, qu'il sentit que son corps, fatigué par un excès d'exercice, n'était guère disposé à céder aux charmes du sommeil. Son esprit avait été trop agité, ses membres étaient trop tendus de lassitude pour qu'il lui fût possible de goûter le repos qui lui était si nécessaire. Son inquiétude sur la sûreté de son fils, ses conjectures sur le résultat de sa mission auprès du duc de Bourgogne, mille autres pensées qui lui retraçaient des événemens passés, ou qui lui peignaient ceux que l'avenir réservait, étaient pour son imagination comme les vagues d'une mer courroucée, et ne lui laissaient aucune disposition à s'endormir.

Il y avait environ une heure qu'il était couché, et le sommeil ne s'était pas encore approché de ses yeux, quand il sentit qu'il descendait avec son lit, il ne pouvait dire où. Il entendit un bruit sourd de cordes et de poulies, quoiqu'on eût pris toutes les précautions possibles pour qu'elles n'en fissent point ; et notre voyageur, en étendant les mains autour de lui, reconnut que le lit sur lequel il était couché était placé sur une trappe qu'on pouvait faire descendre à volonté dans les caves ou appartemens situés en dessous.

Philipson ne fut pas exempt de crainte dans des circonstances qui étaient si propres à en inspirer ; car comment pouvait-il espérer de voir se terminer heureusement une aventure dont le commencement était si étrange? Mais sa crainte était celle d'un homme ferme et intrépide, qui, même dans le plus grand danger, conserve toute sa présence d'esprit. On paraissait le faire descendre avec lenteur et précaution, et il se tint prêt à se mettre sur ses pieds et à se défendre dès qu'il se sentirait sur un terrain ferme. Quoiqu'un peu avancé en âge, il avait encore toute sa vigueur et toute son activité, et, à moins qu'on ne l'attaquât à forces trop inégales, ce qu'il avait sans doute à craindre en ce moment, il était en état de faire une résistance courageuse; mais on avait prévu son plan de défense. A peine son lit avait-il touché le plancher de l'appartement dans lequel on l'avait fait descendre, que deux hommes, qui semblaient avoir été apostés pour l'attendre, le saisirent de chaque côté, le tinrent de manière à l'empêcher de se lever, comme il en avait l'intention, lui lièrent les mains, le garottèrent sur son lit, et le rendirent ainsi tout aussi bien prisonnier que s'il eût encore été dans un cachot de la Férette. Il fut donc obligé de se soumettre, et d'attendre la fin de cette aventure formidable; le seul mouvement qu'il pût faire était de tourner la tête à droite et à gauche, et ce fut avec joie qu'il vit enfin briller des lumières, mais elles paraissaient à une grande distance de lui.

D'après la manière irrégulière dont ces lumières avançaient, tantôt en ligne droite, tantôt en se mêlant ensemble, et en se croisant les unes les autres, il conclut qu'il était dans un vaste souterrain. Le nombre en augmentait peu à peu; et à mesure qu'elles approchaient, il reconnut que c'étaient des torches portées par des hommes enveloppés dans de grands manteaux noirs, semblables à ceux qu'on porte en suivant un convoi, ou à ceux des frères noirs de l'ordre de saint François. Le capuchon en était rabattu sur leur tête, et cachait entièrement leurs traits. Ces hommes semblaient occupés à mesurer avec soin une partie du souterrain, et tout en s'acquittant de cette fonction ils chantaient dans l'ancienne langue tudesque des vers que Philipson pouvait à peine comprendre, mais dont ceux qui suivent peuvent passer pour une imitation.

Mesureurs du bien et du mal,
Apportez vite en ce local
Le niveau, la toise et l'équerre,
Élevez l'autel funéraire,
Et creusez le fossé fatal.
Le sang coulera sur la pierre.
La tranchée en regorgera.
Le banc des juges s'étendra
Sur deux toises; même distance
De l'accusé séparera
Le tribunal dont la sentence
Sur son destin prononcera.
Qu'à l'orient la Cour s'assemble,
Qu'à l'occident l'accusé tremble.
— Maintenant, frères, dites-nous,
Êtes-vous prêts?... Répondez tous.

On répondit en chœur à cette question. Le chœur se composait d'un grand nombre de voix, et ceux qui chantaient paraissaient être, les uns déjà dans l'appartement souterrain, les autres encore dans les passages ou corridors qui y conduisaient. Philipson put donc juger que la réunion allait être considérable. La réponse fut à peu près ce qui suit :

Sur notre vie et sur notre ame,
Sur le sang et les ossemens,
Nous avons accompli sans blâme
Ce qu'ordonnent nos règlemens.

Les premières voix se firent entendre de nouveau.

A quel degré de sa carrière
La nuit est-elle en ce moment ?
Du matin déjà la lumière
Orne-t-elle le firmament ?
L'aurore, son avant-courrière,
Frappe-t-elle les eaux du Rhin !
Quelle voix flotte sur son sein ?
Des oiseaux la voix *matinière*
Reproche-t-elle au dieu du jour
D'être trop long-temps en arrière ?
Examinez bien tour à tour
Les montagnes et la rivière :
Et dites-nous précisément
A quel degré de sa carrière
La nuit se trouve en ce moment ?

Le chœur répondit, mais moins haut que la première fois. Il semblait du moins que ceux qui chantaient la réponse étaient plus éloignés qu'auparavant. Cependant on entendit à une très-grande distance ce qui suit :

La nuit s'avance dans son cours,
Mais les étoiles, ses compagnes,

Sur l'eau du Rhin brillent toujours.
A l'orient, sur les montagnes,
Nul rayon n'annonce le jour.
Mais une voix qui nous commande
Vient du Rhin jusqu'en ce séjour,
Et c'est du sang qu'elle demande.

Le même chœur ajouta encore ce qui suit, mais beaucoup de nouvelles voix s'y joignirent:

Obéissons, levons-nous tous!
Lorsque le soleil se repose,
Qui veillera, si ce n'est nous!
Au jugement qu'on se dispose.
Jamais la vengeance ne dort:
La nuit avec elle est d'accord.

La nature de ces vers eut bientôt fait comprendre à Philipson qu'il était en présence des Initiés ou des Hommes Sages, noms qu'on donnait alors aux fameux membres du Tribunal Secret qui continuait à subsister alors en Souabe, en Franconie et dans d'autres cantons de la partie orientale de l'Allemagne, qu'on appelait le Pays-Rouge, peut-être à cause des exécutions fréquentes et terribles qui y avaient lieu par ordre de ces juges invisibles. Philipson avait souvent entendu dire qu'un Franc-Comte, c'est-à-dire un des chefs du Tribunal Secret, tenait même quelquefois des séances secrètes sur la rive gauche du Rhin, et que cette cour se maintenait en Alsace avec l'opiniâtreté ordinaire de ces sociétés secrètes, quoique Charles duc de Bourgogne eût manifesté le désir d'en découvrir l'existence et d'en détruire le pouvoir, autant qu'il le pourrait, sans s'exposer aux milliers de poignards que ce tribunal mystérieux pouvait faire lever contre lui. Redoutable moyen de défense, qui fit que, pendant bien long-temps, les divers souverains d'Allemagne, et les empereurs eux-mêmes, n'auraient pu, sans un extrême danger, détruire ces associations singulières par un coup d'autorité.

Dès que cette explication se fut présentée à l'esprit de Philipson, il y trouva un fil pour pénétrer le mystère qui couvrait le prêtre de Saint-Paul. En le supposant un des présidens ou des principaux officiers de cette association secrète, il n'était pas étonnant qu'il se sentît la hardiesse d'aller justifier la mort d'Hagenbach; que sa présence en eût imposé à Barthélemi, qu'il avait le pouvoir de faire juger et exécuter sur la place même; que son arrivée le soir précédent, pendant le souper, eût frappé de terreur tous les convives; car, quoique tout ce qui avait rapport à ce tribunal, à ses opérations et à ses officiers, fût couvert d'une obscurité semblable à celle qui voile encore aujourd'hui la franc-maçonnerie, cependant le secret n'était pas assez bien gardé pour empêcher qu'on ne soupçonnât, et qu'on ne désignât même tout bas certaines personnes comme des Initiés, investis d'un pouvoir terrible par le *Vehmegericht*, ou Tribunal des Liens. Quand un pareil soupçon s'attachait à un individu, son pouvoir secret, et la connaissance qu'on lui supposait de tous les crimes, quelque cachés qu'ils fussent, qui se commettaient dans l'étendue de la juridiction de la société dont il était membre, le rendaient l'objet de la haine et de la terreur de quiconque le voyait; mais il jouissait au plus haut degré de ce respect personnel qu'on aurait accordé à un puissant enchanteur ou à un génie formidable. En conversant avec un tel homme, il était surtout nécessaire de s'abstenir de toute question qui aurait fait la moindre allusion aux fonctions qu'il remplissait dans le secret tribunal. Montrer même quelque curiosité sur un sujet si mystérieux et si solennel, c'était un moyen sûr de s'attirer quelque infortune.

Toutes ces réflexions se présentèrent en même temps à l'esprit de l'Anglais, qui sentit qu'il était tombé entre les mains d'un tribunal qui n'épargnait personne, et dont le pouvoir était tellement redouté par tous ceux qui se trouvaient dans le cercle de sa juridiction, qu'un étranger sans protection n'avait qu'une bien faible chance d'y obtenir justice, quelque sûr qu'il pût être de son innocence. Tout en se livrant à ces tristes pensées, Philipson résolut pourtant de s'armer de tout son courage, sachant que ces juges terribles, et qui n'étaient responsables envers personne de leurs jugemens, se gouvernaient pourtant d'après certaines règles qui modéraient la rigueur de leur code extraordinaire.

Il s'occupa donc à chercher les meilleurs moyens d'écarter le danger qui le menaçait, tandis que les individus qu'il entrevoyait dans l'éloignement s'offraient à ses yeux, moins comme des formes distinctes, que comme des fantômes créés par la fièvre, ou par cette fantasmagorie qu'on a vue quelquefois peupler la chambre d'un malade, dans certaines affections des nerfs optiques. Enfin ces personnages s'assemblèrent au centre de la salle où ils s'étaient d'abord montrés, et parurent s'y ranger en ordre. Des torches noires furent successivement allumées en grand nombre, et toute la scène devint visible et distincte. Philipson put alors apercevoir au milieu de l'appartement un de ces autels qu'on trouve quelquefois dans les chapelles souterraines. Mais il faut nous arrêter ici un moment pour décrire en peu de mots non-seulement le spectacle qu'offrait cette cour terrible, mais sa nature et sa constitution.

Derrière l'autel, qui semblait être le point central sur lequel tous les yeux étaient fixés, étaient placés en lignes parallèles deux bancs tendus de drap noir. Chacun d'eux était occupé par un certain nombre de personnes qui paraissaient remplir les fonctions de juges; mais ceux qui étaient assis sur le premier étaient en moindre nombre, et en apparence d'un rang supérieur à ceux qui couvraient le banc le plus éloigné de l'autel. Les premiers semblaient tous être des hommes de quelque importance, des prêtres revêtus de hautes dignités dans l'Eglise, des chevaliers, des nobles, et malgré une apparence d'égalité qui paraissait régner dans cette singulière institution, leur opinion et leur témoignage avaient un poids plus considérable. On les appelait Francs-Chevaliers, Francs-Comtes, ajoutant le mot franc à telle dignité qu'ils pouvaient avoir. Les juges de la classe inférieure n'avaient que le titre de francs et dignes Bourgeois; car il est bon de remarquer que le *Vehmé* (1), nom que portait communément cette institution, quoique son pouvoir consistât en un système d'espionnage fort étendu, était pourtant regardé (tant on avait d'étranges idées sur la manière d'assurer la force des lois publiques) comme conférant un privilège au pays où il était reçu, et ce n'était jamais que des hommes de condition libre qui en éprouvaient l'influence. De même les serfs et les paysans ne pouvaient occuper une place parmi les juges, assesseurs ou assistans; car il y avait même dans cette association quelque idée de faire juger l'accusé par ses pairs.

Outre les dignitaires siégeant sur les deux bancs, un grand nombre de personnes placées tout autour semblaient garder les diverses entrées qui conduisaient dans cette salle, ou restaient derrière les bancs sur lesquels leurs supérieurs étaient rangés, prêts à exécuter leurs ordres. Ils étaient membres de l'ordre, quoique non du plus haut rang. On leur donnait en général le nom de *Schœppen*, ce qui signifie officiers ou huissiers de la cour. Ils prêtaient serment d'en mettre à exécution les jugemens, quoi qu'on en pût dire, contre leurs plus

(1) L'étymologie du mot *Wehmé*, qu'on prononce *Vehmé*, est incertaine; mais on se servait toujours de ce nom pour désigner cette cour secrète et inquisitoriale. Les membres s'en nommaient *Wissenden* ou Initiés, ce qui répond à l'expression moderne d'Illuminé. — AUT.

proches parens et leurs meilleurs amis, comme s'il s'agissait de malfaiteurs ordinaires.

Les *Schœppen*, ou *Scabini*, comme on les appelait en latin, avaient un autre devoir à remplir ; c'était de dénoncer au tribunal tout ce qui venait à leur connaissance, et qu'on pouvait regarder comme une offense tombant sous leur juridiction, comme un crime contre le *Vehmé*, comme ils le disaient. Ce devoir s'étendait aux juges aussi-bien qu'aux assistans, et devait être rempli sans acception de personnes ; de sorte que connaître et cacher volontairement le crime d'une mère ou d'un frère, soumettait l'officier infidèle aux mêmes peines que s'il eût commis lui-même le crime qu'il avait dissimulé. Une telle institution ne pouvait subsister que dans un temps où le cours ordinaire de la justice était arrêté par la main de la force, et où, pour faire subir au crime la punition qui lui était due, il fallait l'influence et l'autorité d'une telle confédération. Ce n'était que dans un pays exposé à toute espèce de tyrannies féodales, et privé de tous les moyens ordinaires d'obtenir justice et satisfaction, qu'un pareil système avait pu s'établir et se propager.

Il faut maintenant que nous retournions au brave Anglais, qui, quoique sentant tout le danger qu'il courait devant un tribunal si formidable, conservait pourtant tout son sang-froid et un air de dignité.

Le tribunal étant assemblé, une corde roulée en rond, et une épée nue, signaux et emblèmes bien connus de l'autorité du *Vehmé*, furent déposées sur l'autel; l'épée, dont la lame était droite, et la poignée en croix, étant regardée comme représentant le saint emblème de la rédemption des chrétiens, et la corde comme indiquant le droit de juridiction criminelle et de punition capitale. Le président de la cour, qui occupait la place du milieu sur le premier banc, se leva ensuite, et plaçant la main sur ces symboles, prononça tout haut la formule qui exprimait les devoirs du tribunal, formule qui fut ensuite répétée d'une voix sourde et imposante par tous les autres juges et même par les assistans.

— Je jure, par la Sainte-Trinité, d'aider et de coopérer sans relâche en toute chose concernant le saint *Vehmé*; d'en défendre les doctrines et les institutions contre père et mère, frère et sœur, femme et enfans; contre le feu, l'eau, la terre et l'air; contre tout ce que le soleil éclaire, tout ce que la rosée abreuve, et tout ce qui a été créé dans le ciel, sur la terre, et sous les eaux. Je jure de dénoncer à ce saint tribunal tout ce que je saurai être vrai, ou que j'aurai appris de témoins dignes de foi, et qui, d'après les réglemens du saint *Vehmé*, mérite remontrance ou châtiment; de ne cacher, ni couvrir, ni dissimuler ce que je saurai ainsi, ni par amour, ni par amitié, ni par affection de famille, ni pour or, ni pour argent, ni pour des pierres précieuses; de ne pas faire société avec ceux dont la sentence a été prononcée par ce tribunal sacré; de ne pas donner à entendre à un accusé qu'il est en péril; de ne pas lui conseiller de s'enfuir; de ne lui donner ni des avis pour s'échapper, ni des moyens d'y réussir; de n'accorder à aucun prévenu ni feu, ni vêtemens, ni nourriture, ni abri, quand même mon père me demanderait un verre d'eau dans les plus grandes chaleurs de l'été, ou que mon frère me supplierait de lui donner une place au coin de mon feu, pendant la nuit la plus froide de l'hiver. Je fais en outre vœu et promesse d'honorer cette sainte association, et d'en exécuter les ordres avec promptitude, fidélité et résolution, de préférence à ceux de quelque autre tribunal que ce soit. J'en prends à témoin Dieu et ses saints Évangiles.

Après avoir prêté ce serment officiel, le président s'adressant à l'assemblée comme à des gens qui jugeaient et qui punissaient secrètement, demanda pourquoi cet enfant de la corde (1) était devant eux lié et garotté. Un homme placé sur le second banc se leva aussitôt, et d'une voix que Philipson crut reconnaître, quoiqu'elle fût changée et agitée, se déclara l'accusateur, comme son serment l'y obligeait, de l'enfant de la corde, ou prisonnier, qui était devant eux.

— Amenez le prisonnier, dit le président; qu'on le surveille avec soin, comme c'est l'ordre de nos lois secrètes; mais qu'il ne soit pas traité avec une sévérité qui détourne son attention de ce qui se passera dans ce tribunal, et qui l'empêche d'entendre et de répondre.

Six assistans tirèrent aussitôt en avant la trappe qui

(1) On appelait *strick-kind*, c'est-à-dire enfant de la corde, toute personne accusée devant ces tribunaux redoutables. — AUT.

soutenait le lit sur lequel était Philipson, et s'arrêtèrent au pied de l'autel. Chacun d'eux tira ensuite son poignard du fourreau. Deux d'entre eux détachèrent les cordes dont le marchand était lié, et il fut averti à voix basse que s'il faisait la moindre tentative pour résister ou pour s'échapper, ce serait un signal pour le poignarder.

— Levez-vous, lui dit le président; écoutez l'accusation qui va être portée contre vous, et croyez que vous trouverez en nous des juges aussi justes qu'inflexibles.

Philipson, évitant avec soin de faire aucun geste qui pût indiquer la volonté de s'échapper, se glissa au bout de son lit, et y resta sur son séant, en caleçon et en gillet de dessous, comme il s'était couché, ayant en face le président de ce tribunal terrible, dont le visage était caché sous son capuchon. Même dans ces circonstances effrayantes, l'intrépide Anglais ne perdit pas son calme, ses paupières ne tressaillirent pas, et son cœur ne battit pas plus vite, quoiqu'il parût, suivant l'expression de l'Écriture, être un voyageur dans la Vallée de l'ombre de la mort, entouré de pièges nombreux, et plongé dans une obscurité complète, quand la lumière aurait été nécessaire à sa sûreté.

Le président lui demanda quels étaient ses noms, son pays, son occupation.

— John Philipson, répondit le prisonnier, Anglais de naissance, et marchand de profession.

— N'avez-vous jamais porté d'autre nom, et suivi une autre profession?

— J'ai été soldat, et, comme beaucoup d'autres, je portais alors un nom sous lequel j'étais connu à l'armée.

— Quel était ce nom ?

— Je l'ai quitté quand j'ai renoncé aux armes ; et je ne désire plus être connu sous ce nom : d'ailleurs je ne l'ai jamais porté dans aucun lieu où vos institutions sont en autorité.

— Savez-vous devant qui vous êtes ?

— Je puis du moins le soupçonner.

— Que soupçonnez-vous ? Dites-nous qui nous sommes et pourquoi vous êtes devant nous.

— Je crois que je suis devant les Inconnus, ou le Tribunal Secret qu'on appelle *Vehmé-Gericht.*

— En ce cas, vous savez que vous seriez plus en sûreté si vous étiez suspendu par les cheveux au-dessus de l'abîme de Schaffouse, ou que vous eussiez la tête placée sous une hache retenue par un seul fil de soie. Qu'avez-vous fait pour mériter un tel destin ?

— Que ceux qui m'y ont soumis répondent à cette question, répliqua Philipson avec le même sang-froid qu'auparavant.

— Parlez, accusateur, dit le président ; parlez aux quatre coins du ciel, aux oreilles des Francs-Juges de ce tribunal et des fidèles exécuteurs de leurs sentences ; et à la face de cet enfant de la corde, qui nie ou qui cache son crime, prouvez la vérité de votre accusation.

— Très-redoutable, répondit l'accusateur en s'adressant au président, cet étranger, portant un faux nom, est entré dans le territoire sacré qu'on appelle le Pays-Rouge, à l'abri d'une profession qui n'est pas la sienne. Lorsqu'il était encore à l'orient des Alpes, il a parlé de ce saint tribunal, à plusieurs reprises, en termes de haine et de mépris, et il a déclaré que, s'il était duc de Bourgogne, il ne souffrirait pas qu'il s'étendît de Westphalie ou de Souabe, jusque dans ses domaines. J'accuse en outre celui qui se trouve devant vous comme enfant de la corde, et qui nourrit de si mauvaises intentions contre ce saint tribunal, d'avoir manifesté l'intention de se rendre à la cour du duc de Bourgogne, et d'employer le crédit qu'il se vante d'avoir auprès de lui, pour l'engager à défendre les assemblées du saint *Vehmé* dans ses États, et à faire infliger aux officiers et aux exécuteurs des sentences de cette cour, le châtiment dû aux voleurs et aux assassins.

— C'est une accusation grave, mon frère, dit le président quand l'accusateur eut cessé de parler; comment vous proposez-vous d'en donner la preuve?

— Conformément à la teneur des statuts secrets dont la lecture n'est permise qu'aux Initiés.

— C'est bien; mais je vous demande encore une fois quels sont ces moyens de preuve. Vous parlez à des oreilles saintes et initiées.

— Je prouverai mon accusation par l'aveu de l'accusé lui-même, et par mon propre serment sur les saints emblèmes du jugement secret, c'est-à-dire sur le fer et la corde.

— La preuve offerte est légale, dit un des membres

placés sur le banc d'honneur, et il importe à la sûreté du système que nous avons si solennellement juré de maintenir, de ce système qui s'est perpétué jusqu'à nous, après avoir été établi par le très-chrétien et très-saint empereur des Romains, Charlemagne, pour la conversion des Sarrasins, et pour le châtiment de ceux d'entre eux qui retombaient dans les pratiques du paganisme, que de tels crimes ne restent pas impunis. Charles, duc de Bourgogne, a déjà rempli son armée d'étrangers, qu'il peut aisément employer contre cette sainte cour, et surtout d'Anglais, orgueilleux insulaires, opiniâtrément attachés à leurs usages, et haïssant ceux des autres pays. Nous n'ignorons pas que le Duc a déjà encouragé l'opposition aux officiers de ce tribunal dans plusieurs parties de ses domaines en Allemagne; et qu'en conséquence on a vu qu'au lieu de se soumettre à leur destin avec une résignation respectueuse, des enfans de la corde ont été assez hardis pour résister aux exécuteurs des sentences du *Vehmé*, et pour frapper, blesser, et même tuer ceux qui avaient reçu la mission de les mettre à mort. Il faut chercher un terme à cet esprit de rébellion, et s'il est prouvé que l'accusé soit un de ces gens qui nourrissent et qui prêchent de telles doctrines, que le fer et la corde fassent leur devoir à son égard. Tel est mon avis.

Un murmure général parut approuver ce que l'orateur venait de dire; car tous savaient fort bien que le pouvoir du tribunal dépendait plutôt de l'opinion qu'on avait que ce système était profondément enraciné, que de l'estime et du respect que l'on concevait pour une institution dont chacun sentait la sévérité. Il s'ensuivait que ceux de ses membres qui jouissaient de l'importance due au rang qu'ils occupaient dans le *Vehmé*, voyaient la nécessité d'en maintenir la terreur, en donnant de temps en temps des exemples de punition sévère, et nulle victime ne pouvait être sacrifiée plus facilement qu'un voyageur étranger et inconnu. Toutes ces idées se présentèrent en un instant à l'esprit de Philipson, mais elles ne l'empêchèrent pas de répondre avec fermeté à l'accusation.

— Messieurs, dit-il, bons citoyens, bourgeois, ou quel que soit le nom que vous désiriez qu'on vous donne, sachez que je me suis déjà trouvé en aussi grand péril qu'aujourd'hui, et que je n'ai jamais tourné le dos pour l'éviter. Ces cordes et ces glaives ne peuvent effrayer ceux qui ont vu devant eux des épées nues et des lances. Ma réponse à l'accusation est que je suis Anglais, né au milieu d'une nation accoutumée à rendre et à recevoir une justice impartiale à la clarté du jour; cependant je suis voyageur, et je sais qu'un voyageur n'a pas le droit de trouver à redire aux lois et aux coutumes des autres pays parce qu'elles ne ressemblent pas à celles du sien. Mais cette observation n'est applicable que dans les pays où le système des lois dont on parle est en pleine force et en exécution. Si nous parlons des institutions d'Allemagne en France ou en Espagne, nous pouvons, sans offenser le pays où elles sont établies, nous permettre de les discuter, comme les écoliers discutent une thèse de logique dans une université. On m'accuse d'avoir critiqué, à Turin ou ailleurs, dans le nord de l'Italie, le tribunal qui va me juger. Je ne nierai pas que je ne me rappelle quelque chose de ce genre; mais ce fut par suite d'une question à laquelle je fus en quelque sorte forcé de répondre, par deux convives qui étaient à table avec moi: je fus long-temps et vivement sollicité d'énoncer mon opinion avant de la donner.

— Et cette opinion, demanda le président, était-elle favorable ou défavorable au saint et secret *Vehmé-Gericht?* Que la vérité sorte de votre bouche; souvenez-vous que la vie est courte et le jugement éternel.

— Je ne voudrais pas racheter ma vie par un mensonge. Mon opinion fut défavorable, et je m'exprimai ainsi qu'il suit: — Aucunes lois, aucunes procédures judiciaires ne peuvent être justes et louables quand elles n'existent et n'opèrent que par le moyen d'une association secrète. J'ajoutai que la justice ne pouvait être justice qu'en plein air, et que, lorsqu'elle cessait d'être publique, elle dégénérait en haine et en vengeance. Je dis qu'un système dont vos propres jurisconsultes ont dit:

« Non socer à genero, non hospes ab hospite tutus, » (1)

était trop contraire aux lois de la nature pour se rattacher à celles de la religion et les prendre pour règle.

(1) Le beau-père doit redouter jusqu'à son gendre, l'hôte son hôte. — Tr.

A peine ces mots étaient prononcés, qu'on entendit s'élever des bancs des juges un murmure de mauvais augure pour le prisonnier: — Il blasphème contre le saint *Vehmé!* Que sa bouche soit fermée pour toujours!

— Écoutez-moi, reprit l'Anglais; écoutez-moi comme vous désirerez vous-mêmes un jour être écoutés. Je dis que tels étaient mes sentimens, et que je les ai exprimés ainsi. Je dis aussi que j'avais le droit d'exprimer mon opinion, juste ou erronée, dans un pays neutre, où ce tribunal n'avait et ne pouvait réclamer aucune juridiction. Mes sentimens sont encore les mêmes, et je les avouerais quand même la pointe de cette épée serait dirigée contre mon sein et que cette corde me serait passée autour du cou. Mais que j'aie jamais parlé contre l'institution du *Vehmé* dans un pays où il est établi comme une forme de justice nationale, c'est ce que je nie formellement. Je nie encore plus formellement, s'il est possible, l'absurde calomnie qui me réprésente, moi, voyageur étranger, comme étant chargé d'aller discuter avec le duc de Bourgogne des affaires si importantes, ou de former une conspiration pour la destruction d'un système auquel tant de personnes paraissent fermement attachées: jamais je n'ai dit une pareille chose, et je n'y ai même jamais songé.

— Accusateur, dit le juge, vous avez entendu l'accusé: que répliquez-vous?

— Il a avoué, en présence de ce haut tribunal, la première partie de l'accusation; il est convenu que sa langue impie a indignement calomnié nos saints mystères, crime pour lequel il mérite qu'on lui arrache cette langue de la gorge. Quant au surplus de l'accusation, c'est-à-dire le chef qui l'accuse d'avoir tramé des complots pour l'anéantissement de l'institution du *Vehmé*, je prouverai, par mon serment officiel, suivant nos usages et nos lois, qu'il contient vérité aussi bien que ce qu'il n'a pu s'empêcher d'avouer lui-même.

— En bonne justice, dit l'Anglais, quand une accusation n'est pas appuyée sur des preuves satisfaisantes, le serment devrait être déféré à l'accusé, au lieu de permettre à l'accusateur de s'en servir comme d'un moyen pour couvrir ce qu'il y a de défectueux dans son accusation.

— Étranger, répliqua le président, nous avons permis à ton ignorance de faire une défense plus longue et plus ample que ne l'admettent nos formes ordinaires. Apprends que le droit de siéger parmi ces juges vénérables confère à celui qui en jouit un caractère sacré, auquel les hommes ordinaires ne peuvent prétendre. Le serment d'un Initié doit l'emporter sur le serment le plus solennel de quiconque ne connaît pas nos saints secrets. Tout doit être *vehmique* dans la cour *Vehmique* : la déclaration de l'Empereur, n'étant pas Initié, aurait moins de poids dans nos conseils que celle du dernier de ses officiers. Le serment de l'accusateur ne peut être rejeté que d'après le serment d'un membre du même tribunal, de rang supérieur.

— En ce cas, dit l'Anglais avec un accent solennel,

que Dieu m'accorde sa grace, car je n'ai de ressource que dans le ciel. Cependant je ne succomberai pas sans un dernier effort : je t'invoque toi-même, esprit ténébreux qui présides cette assemblée redoutable; je te somme de déclarer sur ta foi et ton honneur, si tu me crois coupable de ce qu'affirme audacieusement cet infame calomniateur ; je t'en somme par ton caractère sacré, par ton nom de....

— Silence! s'écria le président. Le nom sous lequel nous sommes connus en plein air ne doit pas se prononcer dans la salle souterraine où nous rendons nos jugemens.

S'adressant alors au prisonnier et à l'assemblée, il ajouta :

— Etant appelé en témoignage, je déclare que l'accusation intentée contre toi est vraie, comme tu l'as reconnu toi-même, en ce qu'elle porte que, dans d'autres contrées que le Pays-Rouge (1), tu as parlé indiscrètement de cette sainte Cour de Justice; mais je crois sur mon ame, et je rends témoignage sur mon honneur, que le surplus de l'accusation est faux et incroyable, et j'en fais serment la main étendue sur la corde et l'épée.

(1) Les parties de l'Allemagne soumises à la juridiction du tribunal secret s'appelaient le Pays-Rouge, soit à cause du sang que ce tribunal y faisait répandre, soit pour quelque autre raison. La Westphalie, comprise dans les limites qu'elle avait dans le moyen âge, et qui s'étendaient beaucoup plus loin qu'aujourd'hui, était le principal théâtre des actes du *Vehmé*. — Aut.

Mes frères, quel jugement prononcez-vous sur l'affaire que nous venons d'instruire?

Un des juges assis sur le premier banc, et par conséquent de la première classe, ayant, comme tous les autres, le visage couvert d'un capuchon, mais que le son de la voix et sa taille voûtée annonçaient comme plus âgé que les deux autres qui avaient déjà parlé, se leva avec quelque difficulté, et dit d'une voix tremblante :

— L'enfant de la corde qui est devant nous a été convaincu d'avoir été coupable de folie et de témérité en parlant en termes injurieux de notre sainte institution; mais ses paroles s'adressaient à des oreilles qui n'avaient jamais entendu nos lois sacrées. D'une autre part, il a été déclaré, par un témoignage irréfragable, innocent d'avoir tramé des complots impuissans pour saper notre pouvoir et exciter les princes contre notre sainte association, crime pour lequel la mort serait un châtiment trop léger. Il a donc été coupable de folie, mais il n'a pas commis de crime; et comme les saintes lois du *Vehmé* ne connaissent d'autre punition que la mort, je propose que cet enfant de la corde soit rendu à la société et au monde supérieur, sans qu'il lui soit fait aucune injure, après qu'il aura été dûment admonesté pour ses erreurs.

— Enfant de la corde, dit le président, tu viens d'entendre la sentence qui t'acquitte; mais si tu désires être placé un jour dans une tombe qui ne soit pas ensanglantée, profite de l'avis que je vais te donner. Regarde tout ce qui s'est passé cette nuit comme un secret qui ne doit être communiqué ni à père ni à mère, ni à épouse ni à fils ou fille; qui ne doit être révélé ni à voix haute ni à voix basse; qu'on ne doit divulguer ni par paroles, ni par écrits, ni par peinture, ni par sculpture, ni par quelque autre moyen que ce puisse être, soit directement, soit en employant des emblèmes et des paraboles. Obéis à cet ordre, et ta vie est en sûreté. Que ton cœur se livre donc à la joie, mais que ce soit avec tremblement. Que ta vanité ne te fasse jamais croire que tu es hors de l'atteinte des juges et des serviteurs du saint *Vehmé*. Quand tu serais à mille lieues du Pays-Rouge, quand tu parlerais dans une contrée où notre pouvoir serait inconnu, quand tu te croirais en sûreté dans ton île natale, et défendu par l'Océan qui l'entoure, je t'avertis de faire le signe de la croix chaque fois que tu penseras seulement à ce saint et invisible tribunal, et à renfermer toutes tes pensées dans ton sein; car le vengeur pourrait être à côté de toi, et tu périrais dans ta folle présomption. Retire-toi, sois prudent, et que la crainte du saint *Vehmé* soit toujours devant tes yeux.

A ces mots, toutes les lumières s'éteignirent en même temps avec un bruit semblable à un sifflement. Philipson se sentit de nouveau entre les mains des officiers du *Vehmé*, auxquels il n'opposa aucune résistance. Ils le replacèrent doucement sur son lit, qu'ils traînèrent de nouveau jusqu'à l'endroit où il était descendu : il entendit alors le bruit des cordes et des poulies, et sentit qu'il montait avec son lit. Au bout de quelques instans, un léger choc l'avertit qu'il se trouvait de niveau avec le plancher de la chambre dans laquelle Mengs l'avait conduit le soir précédent, ou pour mieux dire, dans les premières heures de cette journée. Il réfléchit sur tout ce qui venait de se passer, et rendit au ciel les actions de graces qu'il lui devait pour l'avoir tiré d'un si grand danger. La fatigue l'emporta enfin sur son agitation, et il tomba dans un profond sommeil, dont nous le laisserons jouir pour retourner auprès de son fils.

CHAPITRE XXI.

« Eh bien, n'y pensons plus : salut à la Sagesse
« Qui créa l'univers ; salut, enchanteresse,
« O nature ! ô ma mère ! architecte des lieux
« Où s'avance le Rhin, ton fils majestueux !
« De ta fécondité combien on voit de gages !
« C'est là que, varié par mille et mille images,
« S'offre aux regards d'Harold un spectacle divin ;
« Le feuillage, le fruit, le rocher, le ravin,
« Le pampre qui verdit sur ces hautes collines,
« Et les vieux châteaux forts, imposantes ruines
« Où brillaient autrefois les armes des barons,
« Dont le lierre et la mousse ont caché les blasons.

LORD BYRON. *Childe-Harold.*

LORSQUE Arthur Philipson eut quitté son père pour monter dans la barque qui le conduirait de l'autre côté du Rhin, il ne prit que peu de précautions pour pouvoir fournir à ses propres besoins pendant une séparation dont il calculait que la durée ne serait pas bien longue. Un peu de linge et quelques pièces d'or furent tout ce qu'il crut nécessaire d'emporter avec lui, et il laissa le reste des bagages et de l'argent avec le mulet, supposant que son père en aurait besoin pour soutenir son rôle de marchand anglais. La barque de pêcheur à bord de laquelle il se trouvait avec son cheval et sa petite valise, dressa son mât sur-le-champ, étendit sa voile, l'attacha à la vergue, et, soutenue contre la violence du courant par la force du vent, traversa le fleuve en ligne oblique, se dirigeant vers Kirch-Hoff, qui, comme nous l'avons déjà dit, est situé un peu plus bas que la chapelle de Hantz. La traversée fut si favorable, que la barque toucha l'autre rive au bout de quelques minutes, et, avant de la quitter, Arthur, dont les yeux et les pensées se portaient vers la rive gauche, vit son père sortir de la chapelle du Bac, accompagné de deux hommes à cheval, qu'il supposa être le guide Barthélemi et quelque voyageur que le hasard lui avait fait rencontrer. Ces deux individus étaient le prêtre de Saint-Paul et un novice, comme nos lecteurs en ont été informés.

Il ne put s'empêcher de penser que cette augmentation de compagnie devait ajouter à la sûreté de son père, car il n'était pas probable que Philipson eût souffert qu'on lui donnât malgré lui un compagnon de voyage; et s'il l'avait choisi lui-même, et que ce fût un traître, sa présence pouvait être une protection contre lui. Dans tous les cas, il avait à se réjouir d'avoir vu son père partir en sûreté d'un endroit où ils avaient lieu de craindre que quelque danger ne l'attendît. Il résolut donc de ne pas s'arrêter à Kirch-Hoff, et de continuer à presser son voyage dans la direction de Strasbourg, jusqu'à ce que l'obscurité l'obligeât à s'arrêter dans quelqu'un des *Dorffs* ou villages situés sur la rive droite du Rhin. Avec l'ardeur de la jeunesse, qui se flatte toujours, il espérait rejoindre son père, et, s'il ne pouvait tout-à-fait écarter les inquiétudes que lui causait leur séparation, il nourrissait du moins l'espoir de le retrouver en sûreté. Après avoir pris quelques rafraîchissemens, et donné à son cheval quelques instans pour se reposer, il se remit en marche, et continua, sans perdre de temps, à suivre la route orientale du grand fleuve.

Il était alors du côté le plus intéressant du Rhin, bordé et en quelque sorte muré sur cette rive par les rochers les plus pittoresques, tantôt tapissés d'une végétation qui offrait les couleurs riches et variées de l'automne, tantôt couronnées de forteresses sur les portes desquelles flottait fièrement la bannière baronniale. Ailleurs, on voyait des hameaux où la richesse du sol fournissait au pauvre cultivateur les alimens dont le bras oppresseur de son tyran menaçait de le priver entièrement. Chaque ruisseau qui porte ses eaux au Rhin serpente dans la vallée dont il reçoit les tributs, et chacune de ces vallées a un caractère varié qui lui est propre; les unes sont enrichies de pâturages, de champs de blé et de vignobles, d'autres sont hérissées de rochers, offrent des précipices, et présentent d'autres beautés pittoresques.

Les principes du goût n'avaient pas encore été alors expliqués et analysés comme ils l'ont été depuis dans des contrées où l'on a eu le loisir de se livrer à cette étude. Mais le sentiment que fait naître la vue d'un paysage aussi riche que celui de la vallée du Rhin, doit avoir été le même dans tous les cœurs, depuis le temps où notre jeune Anglais la traversait en voyageur solitaire, jusqu'à celui où Childe Harold (1) indigné dit un superbe adieu à sa terre natale, pour chercher en vain une contrée où son cœur pût battre plus tranquillement.

Arthur jouit de cette scène, quoique le jour qui commençait à baisser lui rappelât que, voyageant seul et chargé d'un dépôt précieux, la prudence exigeait qu'il cherchât quelque endroit pour y passer la nuit. Comme il formait la résolution de prendre des informations à la première habitation qu'il rencontrerait sur la route qu'il suivait, il descendit dans un superbe amphithéâtre couvert de grands arbres, dont l'ombre protégeait contre les chaleurs de l'été l'herbe tendre d'un beau pâturage. Une grande rivière y coulait, tributaire du Rhin. A un mille de là, en remontant vers sa source, ses eaux décrivaient un demi-cercle autour d'une hauteur escarpée, couronnée de murs flanqués de tours et

(1) Cette allusion à lord Byron est ici amenée par l'épigraphe du chapitre. — ÉD.

de tourelles gothiques qui formaient la défense d'un château féodal du premier ordre. Une partie de la savane dont nous venons de parler avait été irrégulièrement ensemencée en blé, qui avait produit une moisson abondante. La récolte en était faite et rentrée, mais le chaume jaune qui restait sur la terre faisait contraste avec la belle verdure du pâturage et avec les feuilles à demi desséchées et rougeâtres des grands chênes qui étendaient leurs bras en dessus. Un jeune homme, vêtu en paysan, et aidé d'un épagneul bien dressé, cherchait à prendre au filet une compagnie de perdreaux; et une jeune fille, qui avait l'air d'être au service de quelque famille distinguée plutôt qu'une simple villageoise, assise sur le tronc d'un arbre tombé de vieillesse, s'amusait à regarder cette chasse. L'épagneul, dont le devoir était de pousser les perdrix sous le filet, fut évidemment distrait par l'approche du voyageur; son attention se partagea, et il était sur le point d'oublier le rôle qu'il avait à jouer, et de faire prendre le vol aux perdreaux en aboyant, quand la jeune fille se leva, s'avança vers Philipson, et le pria avec politesse de vouloir bien passer un peu plus loin, pour ne pas nuire à leur amusement.

Le voyageur y consentit sans hésiter.

— Je m'éloignerai à telle distance qu'il vous plaira, belle demoiselle, lui dit-il; mais permettez-moi de vous demander, en retour, s'il y a dans les environs un couvent, un château, une ferme, où un voyageur fatigué et qui s'est attardé puisse recevoir l'hospitalité pour une nuit.

La jeune fille, dont il n'avait pas encore distinctement vu les traits, sembla contenir une envie de rire. — Croyez-vous qu'il n'y ait pas dans ce château, lui répondit-elle en lui montrant les tours dont nous venons de parler, quelque coin où l'on puisse mettre à l'abri un voyageur réduit à cette extrémité?

— L'espace n'y manque certainement pas, dit Arthur; mais il reste à savoir si la bonne volonté s'y joint.

— Comme je suis moi-même une partie formidable de la garnison, reprit la jeune fille, je me rends responsable de l'accueil que vous y recevrez. Mais comme vous me parlez en termes hostiles, les usages de la guerre veulent que je baisse ma visière.

A ces mots, elle se couvrit le visage d'un de ces masques que les femmes portaient souvent à cette époque lorsqu'elles allaient en voyage, soit pour protéger leur teint, soit pour se mettre à l'abri des regards trop curieux. Mais avant qu'elle eût pu terminer cette opération, Arthur avait reconnu les traits enjoués d'Annette Veilchem, jeune fille qui, quoique simple servante d'Anne de Geierstein, jouissait d'une grande estime dans la maison du Landamman. Hardie, n'ayant aucun égard pour les distinctions de rang, que connaissaient peu les simples montagnards suisses, elle était toujours prête à rire et à plaisanter avec les jeunes gens de la famille d'Arnold Biederman. Personne n'y trouvait à redire, les mœurs du pays n'établissaient guère d'autre différence entre la maîtresse et la suivante, si ce n'est que la maîtresse était une jeune personne qui avait besoin d'être servie, et que la suivante en était une autre qui était en position de servir. Ce genre de familiarité aurait pu être dangereux dans d'autres pays, mais la simplicité des mœurs de la Suisse, et le caractère particulier d'Annette, qui était résolue et sensée, quoique ses manières fussent libres et hardies, en les comparant à celles des contrées plus civilisées, faisaient que tous les rapports qui existaient entre elle et les jeunes gens de la famille se maintenaient toujours dans les limites de l'innocence et de l'honneur.

Arthur lui-même avait fait beaucoup d'attention à Annette; car, d'après les sentimens qu'il éprouvait pour la maîtresse, il était naturel qu'il désirât gagner les bonnes graces de la suivante. Les attentions d'un beau jeune homme ne pouvaient guère manquer d'y réussir, jointes surtout à la générosité avec laquelle il lui fit quelques petits présens d'objets de parure et de toilette, qu'Annette, quoique fidèle à sa maîtresse, n'eut pas le cœur de refuser.

L'assurance qu'il était dans le voisinage d'Anne de Geierstein, et qu'il allait probablement passer la nuit sous le même toit qu'elle, ce qu'indiquaient la présence et les discours d'Annette, fit circuler le sang plus rapidement dans les veines d'Arthur. Depuis qu'il avait traversé le Rhin, il s'était quelquefois livré à l'espoir de revoir celle qui avait fait une si profonde impression sur son imagination; mais son jugement lui avait représenté en même temps combien la chance de la rencontrer était légère, et même en ce moment il était glacé par la réflexion que son entrevue avec elle serait nécessairement suivie d'une séparation soudaine et éternelle. Il céda pourtant à l'attrait du plaisir qu'il se promettait, sans trop chercher à déterminer quelles devraient en être les conséquences et la durée. En attendant, désirant apprendre dans quelle situation Anne se trouvait alors, autant qu'Annette jugerait à propos de l'en instruire, il résolut de ne pas faire voir à cette jeune fille enjouée qu'il l'avait reconnue, avant qu'il lui plût à elle-même d'écarter d'elle toute apparence de mystère.

Tandis que ces pensées se présentaient rapidement à son imagination, Annette vit le jeune homme faire tomber son filet, et lui dit de choisir les deux plus beaux perdreaux, de les porter à la cuisine, et de rendre la liberté aux autres.

— Il faut que je fournisse le souper, dit-elle au voyageur, puisque j'amène au logis compagnie inattendue.

Arthur lui dit qu'il espérait que l'hospitalité qu'il recevrait au château ne causerait aucun embarras à ceux qui l'habitaient, et elle lui répondit d'une manière assez satisfaisante pour calmer tous ses scrupules à ce sujet.

— Je serais bien fâché de gêner le moins du monde votre maîtresse, ajouta le voyageur.

— Voyez cela! s'écria Annette Veilchem; je n'ai parlé ni de maître ni de maîtresse, et ce pauvre voyageur égaré s'imagine déjà qu'il va être reçu dans le boudoir d'une dame!

— Comment! dit Arthur un peu confus de son indiscrète allusion, ne m'avez-vous pas dit que vous étiez la personne de seconde importance dans ce château? J'ai pensé qu'une demoiselle ne pouvait commander en second que sous un gouverneur de son sexe.

— Je ne vois pas que cette conclusion soit juste : j'ai vu des dames remplir des fonctions importantes dans de grandes familles, et gouverner même le gouverneur.

— Dois-je comprendre, belle demoiselle, que vous occupez une place si élevée dans le château dont nous approchons, et dont je vous prie de m'apprendre le nom?

— Ce château se nomme Arnheim.

— Il faut que vous ayez une garnison très-nombreuse, si vous pouvez couvrir de soldats toutes ces tours et toutes ces murailles.

— Je dois avouer que nous sommes en défaut sur ce point. On pourrait dire qu'au lieu d'habiter ce château, nous nous y cachons en ce moment : mais il est suffisamment défendu par les bruits qui effraient ceux qui pourraient y troubler notre retraite.

— Et cependant vous osez y demeurer? dit Arthur se rappelant ce que Rodolphe Donnerhugel lui avait dit des barons d'Arnheim, et de la catastrophe qui avait éteint cette famille dans la ligne masculine.

— Peut-être connaissons-nous trop bien la cause de ces craintes pour en recevoir nous-mêmes une forte impression ; peut-être avons-nous des moyens particuliers pour pouvoir braver ce qui inspire de la terreur aux autres; peut-être n'avons-nous pas le choix d'un meilleur asile, et ce n'est pas la conjecture la moins vraisemblable. Vous paraissez être dans la même situation en ce moment, monsieur, car le soleil retire peu à peu ses rayons du sommet des montagnes qu'on aperçoit dans le lointain, et si vous ne prenez pas un abri à Arnheim, que vous en soyez satisfait ou non, vous aurez encore plusieurs milles à faire avant de trouver un logement sûr.

En parlant ainsi, elle quitta Arthur, et prit avec le jeune homme qui l'accompagnait un sentier très-escarpé, mais beaucoup plus court, qui montait au château en droite ligne, faisant signe en même temps au jeune Anglais de suivre un autre chemin qui conduisait au même but, mais en tournant, et par une montée beaucoup plus douce.

Il arriva bientôt devant la façade méridionale du château d'Arnheim, qui était un bâtiment beaucoup plus considérable qu'il ne l'avait supposé, d'après la description que Rodolphe lui en avait faite, et d'après la vue qu'il en avait eue à quelque distance. Ce château avait été construit à différentes époques, et une grande partie de cet édifice était moins dans le goût gothique que dans ce qu'on a appelé le style mauresque, genre d'architecture qui annonce une imagination plus fleurie que celui qu'on adopte ordinairement dans le Nord, et enrichi de minarets, de coupoles et d'autres ornemens qu'on remarque dans les édifices orientaux. Ce château singulier avait en général un air de solitude et de tristesse; mais Rodolphe avait été mal informé lorsqu'il dit qu'il était en ruines; au contraire, il avait été soigneusement entretenu, et quand il était tombé entre ses mains, l'Empereur, quoiqu'il n'y eût point placé de garnison, avait eu soin de réparer le bâtiment. Les bruits qui couraient dans le pays faisaient que personne ne se souciait de passer la nuit dans l'enceinte de ces murs redoutés; mais le château était régulièrement visité de temps en temps par quelqu'un qui avait une commission à cet effet de la chancellerie impériale. La jouissance du domaine qui entourait le château était une excellente indemnité des soins dont cet officier était chargé, et il prenait bien garde de ne pas s'exposer à la perdre en négligeant ses devoirs. Les fonctions de cet officier avaient cessé depuis peu, et il paraissait que la jeune baronne d'Arnheim avait alors trouvé un refuge dans les tours désertes de ses ancêtres.

Annette ne laissa pas au jeune voyageur le temps d'examiner en détail l'extérieur du château, et de chercher à s'expliquer ce que signifiaient des emblèmes et des devises qui avaient un caractère oriental. Ces symboles, placés sur diverses parties des murs du bâtiment, semblaient exprimer de diverses manières, plus ou moins directement, l'attachement que ceux qui l'avaient fait construire avaient eu pour les sciences de l'Orient. Arthur n'avait eu que le temps de jeter un coup d'œil général sur cet édifice, quand la voix d'Annette l'appela à un angle du bâtiment, où une longue planche était jetée sur un fossé sans eau, et offrait un moyen d'entrer par une fenêtre à laquelle était alors la jeune suivante.

— Vous avez déjà oublié les leçons que vous avez reçues en Suisse, dit-elle en voyant Arthur passer avec une sorte de timidité sur ce pont provisoire et peu sûr.

La réflexion que Anne de Geierstein pouvait faire la même observation rendit au jeune voyageur le sang-froid dont il avait besoin. Il passa sur la planche avec le même calme qu'il avait montré en bravant le pont bien plus dangereux qui conduisait aux ruines du château de Geierstein. Dès qu'il fut entré par la fenêtre, Annette ôta son masque, et lui dit qu'il était le bien venu en Allemagne, chez d'anciens amis qui portaient de nouveaux noms.

— Anne de Geierstein n'existe plus, ajouta-t-elle, mais vous verrez tout à l'heure la baronne d'Arnheim, qui lui ressemble on ne peut davantage; et moi, qui étais en Suisse Annette Veilchem, au service d'une jeune personne qu'on ne regardait pas comme étant beaucoup au-dessus de moi, je suis devenue femme de chambre de la baronne, et je tiens à une distance convenable quiconque est de moindre qualité.

— En de telles circonstances, dit Philipson, si vous jouissez du crédit qui est dû à votre rang, permettez-moi de vous prier de dire à la baronne, puisque nous devons maintenant lui donner ce nom, que si je me présente ainsi devant elle, c'est parce que j'ignorais qu'elle habitât ce château.

— Laissez, laissez! répondit Annette en riant; je sais mieux que vous ce que je dois dire en votre faveur. Vous n'êtes pas le premier pauvre marchand qui ait gagné les bonnes graces d'une grande dame, mais le moyen d'y réussir n'est pas de faire d'humbles apologies, et de chercher à s'excuser de se présenter devant elle. Je lui parlerai d'un amour que toute l'eau du Rhin ne pourrait éteindre, et qui vous a conduit ici, ne vous laissant d'autre alternative que d'y venir ou de périr.

— Mais, Annette, Annette....

— Fi donc! êtes-vous fou? Raccourcissez ce nom; criez, Anne! Anne! et il est plus probable qu'on vous répondra.

A ces mots, la jeune étourdie s'enfuit précipitamment, charmée, comme devait l'être une montagnarde de son caractère, d'avoir fait pour les autres ce qu'elle aurait voulu qu'on fît pour elle-même, en cherchant obligeamment à procurer une entrevue à deux amans qui étaient à la veille d'une séparation inévitable.

Dans cette disposition à être satisfaite d'elle-même, Annette monta un étroit escalier tournant qui conduisait à un cabinet de toilette où sa jeune maîtresse était assise. Elle s'écria en arrivant: — Anne de Gei... je veux dire, madame la baronne, ils sont arrivés! ils sont arrivés!

— Les Philipson? demanda sa maîtresse respirant à peine.

— Oui, non, c'est-à-dire oui! car le meilleur des deux est arrivé, et c'est Arthur.

— Que veux-tu dire, Annette? Le signor Philipson n'est-il pas avec son fils?

— Non, vraiment, et je n'ai pas même pensé à faire une question à son égard. Ce n'était ni mon ami, ni celui de personne, à l'exception du vieux Landamman; et ils étaient bien faits l'un pour l'autre, avec leur bouche remplie de vieux proverbes et leur front chargé de soucis.

— Folle, inconsidérée que tu es! ne t'avais-je pas chargée de les conduire ici tous deux ? Et tu amènes un jeune homme seul dans un endroit où nous sommes presque dans une solitude complète! Que pensera-t-il de moi, que peut-il en penser?

— Et que pouvais-je donc faire? demanda Annette tenant fortement à son opinion. Il était seul; fallait-il que je l'envoyasse dans le dorff, pour qu'il y fût assassiné par les lansquenets du Rhingrave? Chacun sait qu'ils prennent pour poisson tout ce qui tombe dans leurs filets. Et comment pourrait-il traverser un pays comme celui-ci, rempli de soldats errans, de barons brigands : pardon, madame la baronne! et de pillards italiens, qui courent se ranger en foule sous l'étendard du duc de Bourgogne? pour ne rien dire de ce qui est, plus que toute autre chose, l'objet d'une terreur encore plus grande, et qui, sous une forme ou une autre, est toujours présent aux yeux et aux pensées de chacun.

— Chut, Annette! chut! n'ajoute pas une démence complète à cet excès de folie; songeons plutôt à ce que nous devons faire. Par égard pour nous, par égard pour lui-même, il faut que ce malheureux jeune homme quitte ce château à l'instant.

— En ce cas, vous lui porterez votre message vous-même, Anne de Geier...., pardon, noble baronne! Il peut être fort convenable à une dame du haut rang d'envoyer de pareils ordres, et j'en ai vu de semblables exemples dans les romances des *Minnesingers*, mais je suis sûre qu'il ne le serait ni à moi ni à aucune jeune montagnarde de la Suisse, à cœur franc, de consentir à s'en charger. Plus de folie : souvenez-vous que si vous êtes née baronne d'Arnheim, vous avez été élevée dans le sein des montagnes de la Suisse, et que par conséquent vous devez vous conduire en demoiselle ayant de bonnes et honnêtes intentions.

— Et en quoi votre sagesse me trouve-t-elle coupable de folie, mademoiselle Annette?

— En quoi! voyez comme notre noble sang s'agite dans nos veines! Souvenez-vous, noble baronne, que lorsque j'ai quitté nos belles montagnes et que j'ai renoncé à l'air libre qu'on y respire, pour venir me claquemurer dans ce pays de prisons et d'esclaves, il a été convenu que je vous dirais ma façon de penser tout aussi librement que lorsque nos têtes reposaient sur le même oreiller.

— Parlez donc, dit Anne, qui, en se préparant à l'écouter, détourna un peu la tête; mais songez à ne dire rien qu'il ne me convienne pas d'entendre.

— Je vous dirai ce que la nature et le bon sens m'inspireront; et si vos nobles oreilles ne sont pas en état de m'entendre et de me comprendre, ce sera leur faute, et non celle de ma langue. Écoutez bien. Vous avez sauvé ce jeune homme de deux grands dangers: une fois, lors de l'éboulement de ce rocher à Geierstein; une autre, aujourd'hui même, quand sa vie était menacée. C'est un beau jeune homme, bien fait, parlant bien, et ayant tout ce qu'il faut pour gagner les bonnes graces d'une dame. Avant que vous l'eussiez vu, nos jeunes Suisses ne vous déplaisaient pas; du moins vous dansiez avec eux, vous plaisantiez avec eux, vous étiez pour eux l'objet d'une admiration générale, et, comme vous le savez, vous auriez pu choisir dans tous les Cantons; je crois même qu'en vous pressant un peu, on aurait pu vous déterminer à prendre pour mari Rodolphe Donnerhugel.

— Jamais, Annette, jamais!

— Ne parlez pas en termes si positifs. S'il avait d'abord obtenu les bonnes graces de l'oncle, mon humble opinion est que, dans quelque heureux moment, il aurait bien pu aussi gagner la nièce. Mais depuis que vous avez connu ce jeune Anglais, il s'en est fallu de bien peu que vous n'ayez dédaigné, méprisé, je dirais presque haï, tous les jeunes gens que vous enduriez assez bien auparavant.

— Eh bien! eh bien! je te haïrai et te détesterai encore plus qu'aucun d'eux, si tu ne finis bientôt ton discours.

— Tout doux, noble baronne! Qui va doucement, peut aller loin. Tout cela prouve que vous aimez ce jeune homme; et je permets à ceux qui y trouveront quelque chose d'étonnant, de dire que vous avez tort. Il y a beaucoup de choses à dire pour vous justifier, et pas un mot que je sache pour vous blâmer.

— Tu es folle, Annette; souviens-toi de mon rang et de ma condition, qui me défendent d'aimer un homme sans naissance et sans fortune. Songe que je désobéirais à mon père en aimant quelqu'un qui me ferait la cour sans son consentement. N'oublie pas surtout que la fierté de mon sexe ne me permet pas d'accorder mon affection à un jeune homme qui ne songe pas à moi, à qui les apparences ont peut-être même inspiré des préventions contre moi.

— Voilà une superbe homélie! Mais je puis répondre à chaque point aussi facilement que le père Francis suit son texte dans ses sermons. Votre naissance est une absurde vision, dont vous n'avez appris à faire cas que depuis deux ou trois jours, lorsque, ayant mis le pied sur le territoire d'Allemagne, une mauvaise herbe allemande, qu'on appelle orgueil de famille, a commencé à germer dans votre cœur. Pensez de cette folie ce que vous en pensiez quand vous demeuriez à Geierstein, c'est-à-dire pendant toute la partie raisonnable de votre vie, et ce grand et terrible préjugé ne sera plus rien à vos yeux. Vient ensuite l'article de la fortune; mais Philipson, qui est le plus généreux des hommes, donnera sûrement à son fils assez de sequins pour monter une ferme sur nos montagnes. Le bois ne vous coûtera que la peine de le couper, et la terre celle de la cultiver, car vous avez sûrement droit à une partie du domaine de Geierstein, et votre oncle vous en mettra bien volontiers en possession. Vous êtes en état d'avoir soin de la basse-cour; Arthur pourra chasser, pêcher, labourer, herser, moisonner....

Anne de Geierstein secoua la tête comme si elle eût grandement douté que son amant possédât ces derniers talens.

— Eh bien! eh bien! reprit Annette Veilchem, il est encore assez jeune pour apprendre. D'ailleurs Sigismond Biederman l'aidera de tout son cœur, et Sigismond est un vrai cheval pour le travail. Je connais aussi quelqu'un qui est....

— Un ami d'Annette Veilchem, j'en réponds.

— Sans doute; mon pauvre ami Louis Sprenger. Je n'aurai jamais le cœur assez faux pour renier mon amoureux.

— Mais à quoi tout cela doit-il aboutir? s'écria la baronne avec quelque impatience.

— A une chose toute simple, suivant moi, répondit Annette. Il y a des prêtres et des missels à un mille d'ici. Allez trouver votre amant, dites-lui votre façon de penser, ou écoutez-le vous dire la sienne; joignez vos mains, retournez tranquillement à Geierstein comme mari et femme, et mettez-y tout en bon ordre pour le retour de votre oncle. Voilà comment une fille élevée en Suisse doit terminer le roman d'une baronne allemande....

— Et briser le cœur de son père, dit Anne en soupirant.

— Il est d'un métal plus dur que vous ne pensez. Après vous avoir laissée si long-temps loin de lui, il lui sera plus facile de se passer de vous le reste de sa vie, qu'il ne vous le serait, malgré toutes vos nouvelles idées de noblesse, d'endurer ses projets de fortune et d'ambition, qui tendront à vous donner pour mari quelque illustre comte comme Hagenbach, dont nous avons vu, il n'y a pas long-temps, la fin édifiante, faite pour donner une leçon à tous les chevaliers-brigands des bords du Rhin.

— Ton plan ne vaut rien, Annette; c'est la vision puérile d'une jeune fille qui n'a jamais connu le monde que par ce qu'elle en a entendu dire pendant qu'elle était à traire ses vaches. Souviens-toi que mon oncle a des idées très-sévères sur la soumission filiale, et qu'agir contre la volonté de mon père, ce serait me perdre dans son esprit. Pourquoi suis-je ici? Pourquoi a-t-il cessé d'agir comme mon tuteur? Pourquoi suis-je contrainte de quitter des habitudes qui me sont chères, et de prendre les manières d'un peuple étranger, qui par conséquent me sont désagréables?

— Votre oncle est Landamman du canton d'Underwald, répondit Annette avec fermeté; il en respecte la liberté, et il a fait serment d'en défendre les lois; et quand vous, fille adoptive de la Confédération, vous en réclamerez la protection, il ne peut vous la refuser.

— En ce cas même, répliqua la jeune baronne, je perdrais son estime et son affection plus que paternelle. Mais il est inutile d'insister sur ce point. Quand même j'aurais pu aimer ce jeune homme, et je ne nierai pas qu'il ne soit aussi aimable que ta partialité le représente, jamais...., elle hésita un instant; jamais il ne m'a dit un seul mot sur le sujet dont tu persistes à vouloir m'entretenir sans connaître ni ses sentimens ni les miens.

— Est-il possible! s'écria Annette. Je pensais, je croyais, quoique je ne vous aie jamais pressée de me faire aucune confidence, que vous deviez, attachés l'un à l'autre comme vous l'étiez, vous être déjà parlé en véritables et fidèles amans. J'ai donc mal agi, quand je croyais faire pour le mieux. Est-il possible! Oui, on a entendu parler de pareilles choses, même dans notre Canton. Est-il possible qu'il ait conçu d'aussi indignes projets que Martin de Brisach, qui faisait l'amour à Adèle du Sundgau, qui lui fit faire un faux pas (cela n'est que trop vrai, quoique presque incroyable), qui l'abandonna ensuite, qui quitta le pays, et qui alla se vanter partout de sa scélératesse? Mais Raymond, le cousin d'Adèle, lui imposa silence pour toujours, en lui brisant le crâne d'un coup de bâton, en pleine rue, dans la ville même où l'infame brigand était né. Par la Sainte Vierge d'Einsiedlen! si je pouvais croire cet Anglais capable de méditer une telle trahison, je scierais la planche placée sur le fossé, de manière que le poids d'une mouche suffirait pour la rompre; et ce serait à six toises de profondeur qu'il expierait le crime d'avoir osé former des projets perfides contre l'honneur d'une fille adoptive de la Suisse.

Tandis qu'Annette Veilchem parlait ainsi, tout le feu du courage qu'elle avait puisé dans le sein de ses montagnes brillait dans ses yeux ; et ce fut presque à contrecœur qu'elle écouta Anne de Geierstein, qui chercha à effacer l'impression défavorable que les derniers mots qu'elle avait prononcés avaient faite sur l'esprit de sa simple, mais fidèle servante.

— Sur mon ame, lui dit-elle, vous faites injure à Arthur Philipson, vous lui faites une injure criante, en vous livrant à de tels soupçons. Sa conduite à mon égard a toujours été pleine de droiture et d'honneur, celle d'un ami envers une amie, d'un frère envers une sœur. Dans tous ses discours, dans toutes ses actions, il n'aurait pu montrer plus de respect, d'affection, de franchise et de sincérité. Dans nos entrevues et dans nos promenades fréquentes, il est vrai qu'il paraissait me voir avec plaisir, m'être attaché; si j'avais été disposée, et je l'ai peut-être quelquefois été trop, à l'écouter avec indulgence, peut-être... Anne appuya sa main sur son front, et quelques larmes coulèrent à travers ses jolis doigts, mais jamais il ne m'a parlé d'aucun sentiment de préférence, d'amour. S'il en nourrit quelqu'un, quelque obstacle insurmontable de son côté l'a empêché d'en faire l'aveu.

— Quelque obstacle! répliqua Annette. Sans doute une timidité puérile, de sottes idées sur ce que votre naissance est tellement au-dessus de la sienne, un rêve de modestie portée à l'excès, qui lui fait croire qu'il est impossible de briser la glace formée par une gelée de printemps. Quelques mots d'encouragement suffiront pour dissiper cette illusion ; et je me chargerai de cette tâche, ma chère Anne, pour vous épargner l'embarras de rougir.

— Pour l'amour du ciel, n'en fais rien, Veilchem! s'écria la jeune baronne, dont Annette était depuis si long-temps la confidente et la compagne plutôt que la suivante; tu ne peux deviner quelle est la nature des obstacles qui peuvent l'empêcher de s'expliquer comme tu désires tellement l'y engager. Écoute-moi : ma première éducation et les instructions de mon bon oncle m'ont appris sur les étrangers et leurs manières quelque chose de plus que je n'aurais jamais pu en savoir dans notre heureuse retraite de Geierstein. D'après ce que j'ai vu et ce que je sais, je suis presque convaincue que ces Philipson sont d'un rang fort supérieur à la profession qu'ils paraissent exercer. Le père est un homme profond, observateur, réfléchi, généreux, et il fait des présens dont le valeur est fort au-dessus de toute la libéralité qu'on peut supposer à un marchand.

— C'est la vérité ; et quant à moi, je dirai que la chaîne d'argent qu'il m'a donnée pèse dix couronnes ; et la croix qu'Arthur y ajouta, le lendemain du jour de la longue promenade que nous fîmes du côté du mont Pilate, ne vaut pas moins, à ce qu'on m'assure : il n'y en a pas une semblable dans tous les Cantons. Eh bien ! qu'en résulte-t-il? ils sont riches, vous l'êtes aussi : c'est tant mieux.

— Hélas! Annette, non-seulement ils sont riches, mais ils sont nobles; j'en suis persuadée. J'ai souvent remarqué que le père prenait un air de mépris plein de dignité pour se dispenser d'entrer dans quelque discussion que Donnerbugel ou quelque autre cherchait à entamer pour avoir une occasion de querelle. Et quand le fils était l'objet d'une observation peu civile, ou d'une plaisanterie trop forte, l'œil d'Arthur étincelait, ses joues devenaient pourpres, et ce n'était qu'un regard de son père qui retenait la réplique courroucée prête à s'échapper de ses lèvres.

— Vous les avez observés de bien près, dit Annette. Tout cela peut être vrai; quant à moi, je n'y ai fait aucune attention. Mais, je le répète, qu'importe? si Arthur porte quelque beau nom qui soit noble dans son pays, n'êtes-vous pas vous-même baronne d'Arnheim? Et j'avouerai franchement que ce titre a quelque valeur, s'il peut aplanir les voies à un mariage qui ferait, je crois, votre félicité; je l'espère, du moins, sans quoi je n'y donnerais pas d'encouragement.

— Je vous crois, ma fidèle Veilchem; mais, hélas! élevée comme vous l'avez été dans un état de liberté naturelle, comment pourriez-vous connaître, ou même vous figurer l'état de contrainte que cette chaîne d'or ou dorée du rang et de la noblesse impose à ceux qui, comme je le crains, en sont chargés, plutôt que décorés? Dans tous les pays, les distinctions de rang obligent les hommes à de certains devoirs: elles peuvent leur défendre de contracter des alliances en pays étranger, et même les empêcher de consulter leur inclination, quand ils se marient dans leur pays; elles conduisent à des mariages dans lesquels le cœur n'est jamais consulté, à des unions projetées et arrêtées quand les deux parties sont encore au berceau ou conduites à la lisière, mais que l'honneur et la bonne foi n'en rendent pas moins obligatoires. Qui sait s'il n'existe pas quelque obstacle de cette nature dans le cas dont nous parlons? La politique d'État entre souvent aussi pour beaucoup dans ces alliances; et si l'intérêt véritable ou supposé de l'Angleterre a déterminé Philipson à contracter un pareil engagement pour son fils, Arthur mourrait de chagrin, il laisserait mourir de chagrin n'importe qui, plutôt que de ne pas tenir la parole donnée par son père.

— Ceux qui prennent de pareils engagemens pour leurs enfans n'en ont que plus à rougir, dit Annette. On parle de l'Angleterre comme d'un pays libre; mais si l'on y prive les jeunes gens des deux sexes du droit naturel de disposer de leur cœur et de leur main, j'aimerais mieux être un serf d'Allemagne. Eh bien! vous savez beaucoup de choses, et je ne suis qu'une ignorante; qu'allons-nous faire? J'ai amené ce jeune homme ici, dans l'espoir, comme Dieu le sait, que votre entrevue aurait un plus heureux résultat; mais il est bien clair que vous ne pouvez l'épouser sans qu'il vous le demande. J'avoue que si je croyais qu'il fût disposé à perdre la main de la plus belle fille des Cantons, faute d'être assez hardi pour la demander, ou par égard pour quelque sot engagement pris par son père avec quelque autre noble de leur île de noblesse, dans l'un comme dans l'autre cas, je lui ferais bien volontiers faire le plongeon dans le fossé. Mais une autre question est de savoir si nous le renverrons d'ici pour aller se faire assassiner par ces coupe-jarrets du Rhingrave; et à moins de prendre ce parti, je ne sais comment nous en débarrasser.

— Dis à William de le servir, et veille à ce qu'il ne lui manque rien. Il vaut mieux que nous ne nous voyions pas.

— Cela est fort aisé; mais que lui dirai-je de votre part? Malheureusement je lui ai appris que vous êtes ici.

— Quelle imprudence, Annette! Mais pourquoi te blâmerais-je, quand j'ai le même reproche à me faire? C'est moi qui, en permettant à mon imagination de trop s'occuper de ce jeune homme et de ses bonnes qualités, me suis jetée dans cet embarras; mais je te ferai voir que je puis me montrer supérieure à cette folie, et je ne chercherai pas dans ma propre erreur un motif pour éviter de remplir les devoirs de l'hospitalité. Va, Veilchem, va faire préparer des rafraîchissemens; tu souperas avec nous, et tu auras soin de ne pas nous quitter; tu me verras me conduire comme il convient à une baronne allemande et à une fille de la Suisse. Donne-moi d'abord une lumière, Annette, et de l'eau fraîche, car mes yeux en ont besoin, ils déposeraient contre moi; et il faut aussi que je fasse un peu de toilette.

Toute cette explication avait bien étonné Annette. Les idées qu'elle avait prises dans les montagnes de la Suisse sur la manière de faire l'amour, et sur l'amour même, avaient tant de simplicité, qu'elle s'était imaginé que les deux amans saisiraient la première occasion que leur fournirait l'absence de ceux qui devaient naturellement diriger leur conduite, pour s'unir par un nœud indissoluble; elle avait même arrangé un petit plan secondaire, d'après lequel son fidèle Sprenger et elle devaient rester avec le jeune couple en qualité d'amis et de serviteurs. Réduite au silence, mais non convaincue par les objections de sa maîtresse, Annette toujours zélée sortit pour lui obéir, en se disant à elle-même :

— Ce petit mot sur sa toilette est la seule chose que je l'aie entendue dire qui soit naturelle et sensée. S'il plaît à Dieu, je reviendrai dans un clin d'œil pour l'aider. Habiller ma maîtresse est la seule partie des fonctions d'une femme de chambre pour laquelle j'aie du goût. Il semble si naturel à une jolie fille d'en parer une autre! Sur ma foi, ce n'est qu'apprendre à se parer soi-même.

Et en finissant cette sage remarque, Annette Veilchem descendit l'escalier.

CHAPITRE XXII.

« N'en parlez pas ! — Jamais je ne pourrai souffrir
« Cette civilité qui n'est que momerie.
« De grace, asseyez-vous, monsieur, je vous en prie.
« Vous prononcez ces mots en pliant les genoux,
« Et l'on vous y répond d'un ton tout aussi doux :
« Moi, Monsieur ! devant vous ! ce sera donc par terre ? »
« Au diable ce jargon. Quand, de cette manière,
« L'orgueil veut se cacher sous un dehors trompeur,
« A peine un mendiant l'admettrait dans son cœur. »

Ancienne Comédie

ANNETTE VEILCHEM monta et descendit tous les escaliers qui se trouvaient dans la seule partie qui fût habitable de l'immense château d'Arnheim, où elle était l'ame de tout. Sa surveillance n'oubliait rien. Elle avança la tête dans l'écurie pour s'assurer que William avait eu soin du cheval d'Arthur; fit une apparition dans la cuisine pour recommander à la vieille cuisinière que les deux perdreaux fussent rôtis en temps convenable, attention qui ne lui valut aucun remerciement; alla prendre dans le cellier une bouteille ou deux de vin du Rhin, et entra enfin dans l'appartement où elle avait laissé Arthur, afin de voir ce qu'il devenait. Ayant eu la satisfaction de voir qu'il avait employé le temps de son absence à mettre quelque ordre dans ses vêtemens, elle lui dit qu'il ne tarderait pas à voir sa maîtresse, qui était un peu indisposée, mais qui ne pourrait s'empêcher de descendre pour voir un ami dont elle faisait tant de cas.

Arthur rougit de plaisir en l'entendant parler ainsi, et ses traits animés plurent tellement aux yeux de la jeune femme de chambre, qu'elle se dit à elle-même en remontant chez sa maîtresse: — Eh bien, si l'amour ne peut arranger les choses de manière à ce que ce jeune couple soit uni en dépit des obstacles qui les arrêtent, je ne sais pourquoi, je ne croirai jamais qu'il existe un amour véritable dans le monde, quoi qu'en puisse dire Martin Sprenger, et quand il le jurerait sur l'Evangile.

En entrant dans la chambre de la jeune baronne, elle vit, à sa grande surprise, que sa maîtresse, au lieu de quelqu'une des parures qu'elle possédait, avait mis la robe blanche qu'elle portait le jour où Arthur était arrivé à Geierstein. Annette parut d'abord surprise et embarrassée; mais tout à coup elle rendit justice au goût qui avait présidé au choix de ce costume, et s'écria :

— Vous avez raison, vous avez raison, il vaut mieux aller le trouver comme une montagnarde dont le cœur est franc et ouvert.

— Mais en même temps, dit Anne en souriant, je dois, dans les murs d'Arnheim, me montrer à quelques égards comme la fille de mon père. Aide-moi à placer cette aigrette sur le ruban qui retient mes cheveux.

C'était un panache composé de deux plumes de vautour, attachées par une agrafe enrichie d'une superbe opale, dont la couleur changeant à chaque reflet de la lumière, ravit d'admiration la jeune suivante, qui n'avait jamais rien vu de semblable dans toute sa vie.

— Eh bien, baronne Anne, dit-elle, si ce joli joyau est réellement porté comme un signe de votre rang, c'est la seule chose appartenant à votre dignité qui me paraisse digne d'envie; car il change de couleur à chaque instant d'une manière merveilleuse, précisément comme nos joues quand nous sommes émues.

— Hélas, Annette, dit la baronne en passant une main sur ses yeux, de tous les bijoux qu'ont possédés les femmes de ma famille, c'est peut-être celui qui a été le plus fatal à celle qui le porta la première.

— En ce cas, pourquoi le portez-vous? et surtout pourquoi le portez-vous aujourd'hui, de préférence à tout autre jour?

— Parce qu'il me rappelle ce que je dois à mon père et à ma famille; et maintenant, Annette, songe que tu dois te mettre à table avec nous, et ne pas quitter l'appartement. Ne va pas te lever et courir çà et là pour servir les autres ou prendre ce dont tu auras besoin toi-même ; reste assise et tranquille, et laisse William s'acquitter de tous ces soins.

— C'est une mode qui me plaît assez ; et William nous sert de si bon cœur que c'est un plaisir de le voir. Cependant il me semble de temps en temps que je ne suis plus Annette Veilchem, mais seulement son portrait ; car je ne puis ni me lever, ni m'asseoir, ni courir, ni rester en repos, sans courir le risque de violer quelqu'une de vos règles d'étiquette ; j'ose dire qu'il n'en est pas de même de vous, qui avez toujours des manières de cour.

— Elles me sont moins naturelles que tu ne sembles le penser, Annette ; mais la contrainte qu'elles imposent me paraît plus pénible sur le gazon et en plein air, que dans les murs d'un appartement.

— Ah ! c'est bien vrai ! La danse ! — C'est une chose qui vaut bien qu'on la regrette.

— Mais ce que je regrette davantage, Annette, c'est de ne pouvoir me dire précisément si je fais bien ou mal de voir ce jeune homme, quoique ce doive être pour la dernière fois. Si mon père arrivait ! Si Ital Schreckenwald revenait !

— Votre père est trop sérieusement occupé de ses projets profonds et mystérieux, répondit la soubrette avec un ton de légèreté. Il a pris son vol vers les montagnes de Brocken-Berg, où les sorcières font le sabbat, ou il suit une partie de chasse avec le *Chasseur Sauvage* (1).

— Fi, Annette ! Comment oses-tu parler ainsi de mon père ?

— Sur ma foi, je le connais personnellement fort peu ; et vous-même vous ne le connaissez guère davantage. Et comment ce que tout le monde dit être vrai se trouverait-il faux ?

— Que veux-tu dire, folle? Que dit tout le monde?

— Que le comte est un sorcier, que votre grand'mère était un farfadet, et que le vieux Ital Schreckenwald est un diable incarné ; mais quant à ce dernier point, il s'y trouve quelque vérité, quoi qu'il en puisse être du reste.

— Où est-il en ce moment ?

— Il est allé passer la nuit dans le village pour y mettre les soldats en logement, et pour tâcher de maintenir l'ordre parmi eux ; car ils sont mécontens de ne pas avoir reçu la paie qui leur avait été promise, et, quand cela arrive, rien ne ressemble à un ours en colère comme un lansquenet.

— Allons, descendons, Annette. Cette soirée est peut-être la dernière que nous passerons, d'ici à bien des années, avec un reste de liberté.

Je n'entreprendrai pas de décrire l'embarras marqué

(1) Allusion à une tradition populaire d'Allemagne, relativement à un fantôme-chasseur. Dans ses premiers essais poétiques, sir Walter Scott a imité une ballade allemande, de Burger, sur ce sujet. — Éd.

avec lequel Arthur Philipson et Anne de Geierstein s'abordèrent. En se saluant, ils ne levèrent pas les yeux, et ne prononcèrent que des paroles inintelligibles; la rougeur qui couvrit les joues de la jeune baronne ne fut pas plus vive que celle de son amant timide. Pendant ce temps, la jeune et enjouée suivante, dont les idées qu'elle se faisait de l'amour se ressentaient davantage de la liberté des coutumes d'un pays qui avait quelque chose de l'antique Arcadie, regardait avec un air d'étonnement auquel il se mêlait quelque peu de mépris, un couple qui, comme elle le pensait, agissait avec une réserve si peu naturelle. Arthur salua profondément la jeune baronne en lui présentant la main, et sa rougeur redoubla; Anne de Geierstein, en répondant à cette politesse, ne montra pas moins de timidité, d'agitation et d'embarras. En un mot, sans qu'il se passât rien ou presque rien d'intelligible entre ce couple aimable, l'entrevue n'en eut pas moins d'intérêt. Arthur donna la main à la belle baronne, comme c'était le devoir d'un galant à cette époque, pour la conduire dans une salle voisine où le souper était servi; et Annette, qui examinait avec une attention toute particulière tout ce qui se passait, éprouva avec surprise que les formes et le cérémonial des premières classes de la société avaient autant d'influence, même sur son esprit nourri d'idées de liberté, que les rites des Druïdes en avaient eu sur celui du général romain quand il s'écria :

— « Je les méprise,
« Mais ils sont imposans. »

—Pourquoi sont-ils si changés? se demanda Annette. Quand ils étaient à Geierstein, ils ressemblaient aux autres garçons et aux autres filles, si ce n'est qu'Anne était plus jolie; et maintenant ils marchent en mesure comme s'ils allaient danser un grave pavin, et se traitent avec autant de respect que s'il était Landamman d'Underwald, et qu'elle fût la première dame de Berne. Tout cela est sans doute fort beau, mais ce n'est pas ainsi que Martin Sprenger fait l'amour.

Les circonstances dans lesquelles se trouvaient ces deux jeunes gens leur rappelaient évidemment les habitudes de courtoisie cérémonieuse auxquelles chacun d'eux pouvait avoir été accoutumé dans sa première jeunesse. Tandis que la baronne jugeait nécessaire d'observer le plus strict décorum pour justifier à ses yeux l'admission d'Arthur dans l'intérieur de sa retraite, celui-ci, de son côté, s'efforçait de montrer, par la profondeur de son respect, qu'il était incapable d'abuser de la bonté qu'elle lui témoignait. Ils se mirent à table, à une telle distance l'un de l'autre, que la vertu la plus scrupuleuse n'aurait pu y trouver rien à redire. William les servit avec adresse et intelligence, en jeune laquais habitué à remplir cette fonction; et Annette, se plaçant entre eux deux, et s'efforçant d'imiter aussi bien qu'elle le pouvait tout ce qu'elle les voyait faire, montra toute la civilité qu'on devait attendre de la suivante d'une baronne. Cependant elle commit quelques méprises. En général, elle se conduisit comme un lévrier en lesse, qui est prêt à s'élancer à chaque instant, et elle n'était retenue que par la réflexion qu'elle devait demander ce qu'elle aurait préféré aller prendre elle-même.

Elle enfreignit encore plusieurs autres règles d'étiquette après le souper, quand William se fut retiré. Elle prenait part à la conversation avec trop peu de cérémonie. Souvent il lui arrivait de ne donner à sa maîtresse que le nom d'Anne, et elle oubliait même quelquefois le décorum au point de lui parler ainsi qu'à Arthur par *tu* et par *toi;* ce qui était alors et ce qui est encore aujourd'hui en Allemagne un solécisme épouvantable en politesse. Ses inadvertances produisirent du moins un bon effet. Elles fournirent aux deux jeunes gens un sujet de réflexion étranger à leur situation respective, elles diminuèrent un peu leur embarras, et leur permirent d'échanger un sourire aux dépens de la pauvre Annette. Elle ne fut pas long-temps sans s'en apercevoir; et à demi piquée, à demi charmée de trouver une excuse pour dire ce qui se passait dans son esprit, elle s'écria avec hardiesse:

—Vous vous êtes tous deux bien amusés à mes dépens sans contredit, parce que pendant le souper j'avais envie de me lever pour aller chercher ce dont j'avais besoin, au lieu d'attendre que ce pauvre garçon, qui ne faisait que courir du buffet à la table et de la table au buffet, eût le temps de me le donner. Et à présent vous riez de moi, parce que je vous donne les noms que vous avez reçus de la sainte Eglise lors de votre baptême, et que je dis tu et toi en m'adressant à un *Iungster* et à une

Yungfrau (1), comme je le ferais si j'étais à genoux pour prier le ciel. Mais en dépit de vos nouvelles fantaisies, je vous dirai que vous n'êtes que deux enfans qui ne savent pas ce qu'ils veulent, et que vous perdrez à plaisanter le seul moment qui vous est accordé pour assurer votre propre bonheur. Ne froncez pas ainsi le sourcil, ma douce maîtresse, madame la baronne; j'ai vu trop souvent le mont Pilate pour avoir peur d'un front sourcilleux.

— Silence, Annette, lui dit sa maîtresse, ou sortez de l'appartement.

— Si je n'étais pas votre amie plus que la mienne, répondit l'opiniâtre Annette sans se laisser intimider, j'en sortirais sur-le-champ, et du château aussi; je vous laisserais ici tenir votre maison avec votre aimable sénéchal, Ital Schreckenwald.

— Si ce n'est par amitié, que ce soit par honte ou par charité, Annette, taisez-vous, ou quittez cette chambre!

— Ma foi, mon trait est parti; mais, au bout du compte, je n'ai fait que donner à entendre ce que tout le monde disait sur la pelouse à Geierstein, le soir que l'arc de Buttisholz a été tendu. Vous savez que l'ancienne prophétie dit...

— Silence, pour l'amour du ciel, dit la jeune baronne, ou il faudra que ce soit moi qui m'envole d'ici.

(1) Jeune homme et jeune fille. — Tr.

— Ah! dit Annette changeant de ton, comme si elle eût craint que sa maîtresse ne se retirât véritablement; s'il faut que vous vous *envoliez* (1), on ne peut résister à la nécessité; et je ne connais personne en état de vous suivre. Savez-vous, monsieur Arthur, que ma maîtresse aurait besoin d'avoir pour femme de chambre, non une bonne jeune fille de chair et de sang, comme vous me voyez, mais un être dont la substance fût aussi déliée que le fil de la Vierge, et qui ne respirât que les particules les plus subtiles de l'air? m'en croirez-vous? Bien des gens pensent qu'elle est alliée à la race des esprits élémentaires, et c'est ce qui la rend plus timide que les autres filles de ce monde.

Anne de Geierstein parut charmée de trouver une occasion de détourner la conversation à laquelle avait donné lieu l'esprit un peu volontaire de sa suivante, et de la faire tomber sur des sujets plus indifférens, quoique ayant encore personnellement rapport à elle-même.

— Le signor Arthur, dit-elle, croit peut-être avoir quelque raison pour concevoir les soupçons étranges auxquels votre extravagance vient de faire allusion, et que quelques personnes, tant en Allemagne qu'en Suisse, sont assez folles pour croire véritables. Avouez, signor Arthur, que vous avez eu sur moi des idées bien singulières quand vous m'avez vue passer près de vous pendant que vous étiez de garde sur le pont de Graff's-lust, la nuit dernière.

(1) Le mot anglais signifie à la fois *voler* et *fuir*. — Tr.

Le souvenir de toutes les circonstances qui l'avaient alors tellement surpris produisit un tel effet sur l'esprit d'Arthur, qu'il lui fallut quelques instans pour pouvoir faire une réponse, encore cette réponse ne fut-elle composée que de quelques mots sans liaison.

— J'avoue que j'ai entendu dire..., c'est-à-dire Rodolphe Donnerhugel m'a raconté..., mais que j'aie pu croire que vous fussiez autre chose qu'une chrétienne...

— Ah! s'écria Annette, si c'est de Rodolphe que vous tenez vos informations, vous avez entendu tout ce qu'on peut dire de pire sur ma maîtresse et sa famille. Rodolphe est un de ces personnages prudens qui trouvent des défauts aux marchandises qu'ils ont dessein d'acheter, et qui cherchent à les déprécier afin d'en dégoûter les autres. Oui, il vous a raconté une belle histoire de lutin, en vous parlant de la grand'mère de la baronne; et véritablement, il est arrivé, j'ose le dire, que les circonstances ont donné à vos yeux quelque apparence de réalité à....

— Point du tout, Annette, s'écria Arthur; j'ai regardé comme ne méritant aucune foi tout ce que j'ai jamais entendu dire d'étrange et d'incompréhensible relativement à votre maîtresse.

— Pas tout-à-fait, je crois, reprit Annette, sans faire attention aux signes de mécontentement de sa maîtresse, et je soupçonne fortement que j'aurais eu beaucoup plus de peine à vous attirer en ce château, si vous aviez su que vous approchiez d'un lieu hanté par la Nymphe du Feu, la Salamandre, comme on appelle sa grand'-

mère, pour ne rien dire du sentiment que vous aurait fait éprouver l'idée de revoir la descendante de la Fille au Manteau de Feu.

— Encore une fois, Annette, silence, dit la jeune baronne. Puisque le hasard a permis cette entrevue, je ne veux pas laisser échapper cette occasion de désabuser notre ami des bruits absurdes qu'il a écoutés avec doute et surprise peut-être, sinon avec une incrédulité absolue.

« Signor Arthur, continua-t-elle, il est très-vrai que mon grand-père maternel, le baron d'Arnheim, était un homme qui avait de grandes connaissances dans les sciences abstraites. Il était aussi président d'un tribunal dont vous pouvez avoir entendu parler, et qu'on appelle le saint *Vehmé*. Un soir, un étranger, poursuivi par les agens de cette cour, qu'il n'est pas prudent même de nommer, arriva au château de mon aïeul, réclama sa protection, et invoqua les droits de l'hospitalité. Le baron, voyant que cet étranger était parvenu au grade d'adepte, lui accorda sa demande, et garantit qu'il se présenterait pour répondre à l'accusation portée contre lui dans un an et un jour, délai qu'il paraît avoir eu le droit d'exiger en faveur de son protégé. Ils étudièrent ensemble pendant tout ce temps, et poussèrent leurs recherches dans les mystères de la nature probablement aussi loin qu'il est possible à l'homme de le faire. A l'approche du jour fatal où l'étranger devait se séparer de son hôte, il demanda la permission de faire venir sa fille au château pour lui faire ses derniers adieux.

Elle y fut introduite secrètement, et après qu'elle y eut passé quelques jours, le sort futur de son père paraissant fort incertain, le baron proposa de donner à la fille un asile chez lui, dans l'espoir de faire de nouveaux progrès avec elle dans les langues et les sciences de l'Orient. Danischemend, son père, y consentit, et il partit du château pour se rendre devant le *Vehmegericht*, séant à Fulde. Ce qui s'ensuivit est inconnu : peut-être fut-il sauvé par le témoignage du baron d'Arnheim, peut-être fut-il abandonné au fer et à la corde. Qui ose parler de pareilles choses?

« La belle Persane devint l'épouse de son tuteur, de son protecteur. A un grand nombre de bonnes qualités elle joignait quelque imprudence. Elle profita de son costume et de ses manières étrangères, de sa beauté qu'on dit avoir été merveilleuse, et d'une agilité qui était sans égale, pour étonner et effrayer d'ignorantes dames allemandes, qui, en l'entendant parler en persan et en arabe, étaient déjà disposées à la regarder comme étant en rapport avec le monde surnaturel. Son imagination était vive et fantasque, et elle aimait à se placer dans des situations qui semblaient confirmer les soupçons absurdes dont elle se faisait un amusement. Il n'y avait pas de fin aux histoires auxquelles elle donnait lieu. Sa première apparition au château avait formé une scène pittoresque, et qui tenait presque du merveilleux. A la légèreté d'un enfant elle joignait quelques fantaisies puériles; et tandis qu'elle encourageait la circulation des légendes les plus extraordinaires, elle avait avec les dames de sa condition des querelles sur le rang et la préséance, objet auquel les dames de Westphalie ont attaché en tout temps une grande importance. Cela lui coûta la vie, car le jour du baptême de ma pauvre mère, la baronne d'Arnheim mourut subitement, pendant qu'une compagnie brillante était réunie dans la chapelle du château pour assister à cette cérémonie. On crut qu'elle était morte empoisonnée par la baronne de Steinfeldt, avec qui elle avait eu une violente querelle, principalement occasionée parce qu'elle avait pris le parti de la comtesse Waldstetten, son amie et sa compagne. »

— Mais l'opale, l'eau qu'on lui jeta au front? dit Arthur.

— Ah! répondit la baronne, je vois que vous désirez connaître l'histoire véritable de ma famille, dont on ne vous a appris que la légende fabuleuse. Quand mon aïeule perdit connaissance, il était tout naturel qu'on lui jetât de l'eau au visage; quant à l'opale, j'ai entendu dire qu'elle perdit son lustre en ce moment, mais on assure que c'est une propriété de cette noble pierre lorsqu'un poison quelconque en approche. Une partie de la querelle avec la baronne de Steinfeldt venait de ce que cette dame prétendait que la belle Persane ne devait pas porter cette pierre, dont un de mes ancêtres avait dépouillé sur le champ de bataille un soudan de Trébizonde. Toutes ces circonstances se sont confondues dans la tradition, et les faits réels sont devenus un conte de fée.

— Mais vous ne m'avez rien dit sur... sur...

— Sur quoi?

— Sur votre apparition de la nuit dernière.

— Est-il possible qu'un homme de bon sens, un Anglais, ne puisse deviner l'explication que j'ai à lui donner, quoique peut-être encore un peu obscure? Mon père, comme vous pouvez le savoir, a joué le rôle d'un homme important dans un pays rempli de troubles, et il a encouru la haine de plusieurs puissans personnages; il est donc obligé d'user de secret dans tous ses mouvemens, et de ne pas se mettre en évidence sans nécessité. D'ailleurs, il avait de la répugnance à se trouver en face de son frère le Landamman. Il me fit donc avertir, quand nous entrâmes en Allemagne, que j'eusse à aller le joindre au premier signal que j'en recevrais; et ce signal devait être un petit crucifix de bronze qui avait appartenu à ma pauvre mère. Je le trouvai dans ma chambre à Graff's-Lust, avec une lettre de mon père, qui m'indiquait un passage secret pour en sortir. Ce passage avait l'air d'être solidement bouché avec des pierres, mais il était facile de les déranger. Je devais sortir par là de mon appartement, gagner la porte du château, et entrer dans le bois pour y aller trouver mon père.

— C'était une entreprise étrange et dangereuse.

— Je n'ai jamais été plus consternée qu'en recevant cet ordre, qui m'obligeait à quitter en secret un oncle aussi bon qu'affectionné, pour aller je ne sais où. Mais je ne pouvais me dispenser d'obéir. Le lieu du rendez-vous m'était clairement expliqué. Une promenade à minuit, dans les environs d'un endroit où j'étais sûre de trouver protection, n'était rien pour moi, mais la précaution qu'on avait prise de placer des sentinelles à la porte gênait mes projets. Je fus obligée d'en faire confidence à quelques-uns de mes cousins Biederman, qui me promirent de me laisser passer et repasser sans me faire aucune question. Vous connaissez mes cousins, ils ont un cœur excellent, mais leurs idées sont bornées, et ils sont aussi incapables d'un sentiment de délicatesse généreuse, que... que certaines autres personnes. Ici elle jeta un regard sur Annette Veilchem. Ils exigèrent que je cachasse mon dessein à Sigismond, et comme ils cherchent toujours à rire aux dépens de ce bon et simple jeune homme, ils insistèrent pour que je passasse près de lui de manière à lui persuader que j'étais un esprit, dans l'espoir de s'amuser de la terreur que lui causerait la vue d'un être surnaturel. Je fus obligée de m'assurer de leur discrétion en consentant à tout ce qu'ils me demandaient; et dans le fait, j'avais trop de regret de me dérober ainsi à mon oncle pour songer beaucoup à autre chose. Mais je fus bien surprise quand, contre mon attente, je vous trouvai de garde sur le pont au lieu de Sigismond. Je ne vous demande pas quelles furent vos idées en ce moment.

— Les idées d'un fou, d'un triple fou. Si je ne l'avais pas été, je vous aurais offert de vous escorter, et mes armes...

— Je n'aurais pas accepté votre protection. Le but

de mon excursion devait, sous tous les rapports, rester secret. Je trouvai mon père. Une entrevue qu'il avait eue avec Donnerhugel avait changé la résolution qu'il avait formée de m'emmener avec lui cette nuit même. Cependant je le rejoignis ce matin de bonne heure, tandis que Annette jouait mon rôle, et tenait ma place à la suite de la députation suisse, mon père ne voulant pas qu'on sût quand et avec qui j'avais quitté mon oncle et son escorte. Je n'ai pas besoin de vous rappeler que je vous ai vu dans votre prison.

— Et que vous m'avez sauvé la vie, rendu la liberté.

— Ne me demandez pas la raison de mon silence. J'agissais alors d'après les ordres des autres, et non d'après ma propre volonté. On favorisa votre fuite pour établir une communication entre les Suisses qui étaient hors de la ville, et les soldats qui se trouvaient dans l'intérieur. Après votre départ de la Férette, j'appris de Sigismond Biederman qu'un parti de bandits vous poursuivait vous et votre père dans le dessein de vous dépouiller. Mon père m'avait fourni le moyen de métamorphoser Anne de Geierstein en baronne allemande. Je partis sur-le-champ, et je m'applaudis de vous avoir donné un avis qui a pu vous être utile.

— Mais mon père? dit Arthur.

— J'ai tout lieu d'espérer qu'il est en sûreté. D'autres que moi désiraient le protéger ainsi que vous, surtout le pauvre Sigismond. Et maintenant que vous avez entendu l'explication de tous ces mystères, Arthur, il est temps que nous nous séparions, et pour toujours.

— Que nous nous séparions! et pour toujours! répéta Arthur d'une voix qui semblait être un écho éloigné.

— Le destin le veut ainsi. J'en appelle à vous-même. N'est-ce pas votre devoir? c'est aussi le mien. Vous partirez pour Strasbourg au lever du soleil, et... et... nous ne nous reverrons plus.

Cédant à une passion ardente qu'il ne put réprimer, Arthur se jeta aux pieds d'Anne de Geierstein, dont la voix défaillante, en prononçant ces derniers mots, prouvait clairement les sentimens qui l'agitaient. Elle chercha des yeux Annette, mais Annette avait disparu en ce moment très-critique; et pendant quelques secondes sa maîtresse n'en fut peut-être pas fâchée.

— Levez-vous, Arthur, levez-vous, dit-elle; il ne faut pas vous abandonner à des sentimens qui pourraient nous être funestes à tous deux.

— Écoutez-moi avant que je vous dise adieu.... adieu pour toujours. On écoute la voix d'un accusé, quelque mauvaise que puisse être sa cause. Je suis chevalier, fils et héritier d'un comte dont le nom s'est fait connaître en Angleterre, en France, et partout où la valeur peut procurer de la renommée.

— Hélas! dit Anne d'une voix faible, je ne soupçonnais que depuis trop long-temps ce que vous m'apprenez. Mais levez-vous, levez-vous, de grace!

— Pas avant que vous m'ayez entendu, répondit Arthur en lui saisissant une main qui tremblait, mais qui cherchait à peine à se dérober aux siennes. Écoutez-moi, ajouta-t-il avec la chaleur d'un premier amour qui a renversé les obstacles que lui opposaient la timidité et la défiance de soi-même; je conviens que mon père et moi nous sommes chargés d'une mission très-dangereuse et dont le succès est douteux. Vous en apprendrez bientôt le résultat; s'il est favorable, vous entendrez parler de moi sous mon véritable nom: si je succombe, je dois.... je puis.... oui, je réclame une larme d'Anne de Geierstein. Mais si j'échappe au danger, j'ai encore un cheval, une lance, une épée, et vous entendrez parler noblement de celui que vous avez protégé trois fois contre des périls imminens.

— Levez-vous, levez-vous, répéta la jeune baronne, dont les larmes commençaient à couler, et tombaient sur la tête de son amant tandis qu'elle cherchait à le relever. J'en ai assez entendu; vous écouter serait le comble de la démence, et pour vous et pour moi.

— Un seul mot de plus. Tant qu'Arthur aura un cœur, il battra pour vous; tant qu'il pourra lever un bras, ce bras sera prêt à vous défendre et à vous protéger.

En ce moment, Annette rentra précipitamment.

— Partez! partez! s'écria-t-elle. Schreckenwald est de retour; il apporte quelques nouvelles terribles, et je crois qu'il vient de ce côté.

Arthur s'était relevé au premier signal d'alarme.

— Si votre maîtresse court quelque danger, Annette, dit-il, elle a du moins près d'elle un ami sincère.

Annette regarda la baronne avec un air d'inquiétude.

— Mais Schreckenwald ! s'écria-t-elle; Schreckenwald, l'intendant de votre père, son confident ! Réfléchissez-y bien ! Je puis cacher Arthur quelque part.

Anne de Geierstein avait déjà recouvré tout son calme, et elle répondit avec dignité :

— Je n'ai rien fait qui doive offenser mon père. Si Schreckenwald est l'intendant de mon père, il est mon vassal. Je n'ai pas besoin de lui cacher qui je reçois ici. Asseyez-vous, signor Arthur, et recevons cet homme. Qu'il vienne sur-le-champ, Annette; qu'il nous fasse part des nouvelles qu'il apporte; et dis-lui qu'en me parlant, il se souvienne qu'il parle à sa maîtresse.

Arthur se rassit, rendu encore plus fier du choix qu'il avait fait, par la noble intrépidité d'une jeune personne qui venait de prouver un instant auparavant qu'elle était susceptible des sentimens les plus doux de son sexe.

Annette, puisant un nouveau courage dans la fermeté de sa maîtresse, sortit en battant des mains, et en disant à demi-voix : — Après tout, je vois que c'est quelque chose que d'être baronne, quand on peut soutenir sa dignité de cette manière. Comment se fait-il que cet homme grossier m'ait fait une telle frayeur?

CHAPITRE XXIII.

« L'affaire dont il faut traiter à petit bruit,
« Qui, comme les esprits, marche pendant la nuit,
« Est tout autre que celle ayant pour caractère
« D'aller droit à son but sans craindre la lumière. »

SHAKSPEARE.

La petite compagnie attendit alors hardiment la présence de l'intendant. Arthur, flatté et encouragé par la fermeté qu'Anne avait montrée lorsque l'arrivée de cet individu avait été annoncée, réfléchit à la hâte sur le rôle qu'il devait jouer dans la scène qui allait avoir lieu, et il résolut prudemment de n'y prendre une part active et personnelle qu'autant qu'il verrait, d'après la conduite d'Anne de Geierstein, que cela pourrait lui être utile ou agréable. Il s'assit donc, à quelque distance d'elle, près de la table sur laquelle leur souper venait de leur être servi, déterminé à agir de la manière que les regards d'Anne lui feraient présumer la plus sage et la plus convenable. Il chercha en même temps à voiler la vive inquiétude qu'il éprouvait, sous l'apparence de ce calme respectueux que prend un homme d'un rang inférieur quand il est admis en présence d'une personne bien au-dessus de lui. De son côté, la jeune baronne parut se préparer à une entrevue importante. Un air de dignité succéda à l'extrême agitation qu'elle avait montrée si récemment, et, s'occupant à travailler à quelque ouvrage de son sexe, elle sembla aussi attendre avec tranquillité la visite qui avait disposé sa suivante à concevoir tant d'alarmes.

On entendit quelqu'un monter l'escalier d'un pas précipité et inégal, comme s'il eût été pressé et agité en même temps. La porte s'ouvrit, et Ital Schreckenwald entra dans l'appartement.

Les détails donnés à Philipson par le Landamman d'Underwald ont déjà fait connaître en partie cet individu à nos lecteurs. C'était un homme de grande taille, bien fait, et avec un air militaire. Son habit, semblable à celui que portaient alors en Allemagne les hommes d'un rang distingué, était festonné, tailladé, et en général plus orné que celui qui était adopté en

France et en Angleterre. La plume de faucon qui décorait sa toque, suivant l'usage universel, était attachée par un médaillon d'or qui lui servait d'agrafe. Il portait un pourpoint de peau de bufle, comme armure défensive, mais, en phrase de tailleur, galonné sur toutes les coutures; et l'on voyait sur sa poitrine une chaîne d'or, emblème du rang qu'il occupait dans la maison du baron. Il entra à la hâte, d'un air mécontent et affairé, et dit d'un ton assez grossier: — Comment, jeune dame! Que veut dire ceci? Des étrangers dans le château à une pareille heure de la nuit!

Anne de Geierstein, quoiqu'elle eût été long-temps absente de son pays natal, en connaissait parfaitement les habitudes et les usages; et elle savait avec quelle hauteur les nobles faisaient sentir leur autorité à tout ce qui dépendait d'eux.

— Êtes-vous un vassal d'Arnheim, Ital Schreckenwald? lui dit-elle, et osez-vous parler à la baronne d'Arnheim, dans son propre château, en élevant la voix, avec un air insolent et la tête couverte? Songez à ce que vous êtes; et quand vous m'aurez demandé pardon de votre impertinence, je pourrai écouter ce que vous avez à me dire, pourvu que vous vous expliquiez en termes convenables à votre condition et à la mienne.

La main de Schreckenwald se porta à sa toque en dépit de lui-même, et découvrit son front hautain.

— Pardon, noble baronne, dit-il d'un ton un peu plus doux, si ma précipitation m'a fait parler d'un ton trop brusque, mais le cas est urgent. Les soldats du Rhingrave viennent de se mutiner. Ils ont déchiré le drapeau de leur maître, et se sont ralliés autour d'une bannière indépendante qu'ils appellent l'enseigne de Saint-Nicolas. Ils déclarent qu'ils maintiendront la paix avec Dieu, mais qu'ils feront la guerre à tout le monde. Ce château ne peut leur échapper, car ils disent que la première chose qu'ils aient à faire, est de s'emparer d'une place forte pour s'y maintenir. Il faut donc que vous partiez d'ici au point du jour. En ce moment, ils s'occupent à boire le vin des paysans; ils s'endormiront ensuite, mais en s'éveillant ils marcheront indubitablement vers ce château, et vous pourriez tomber entre les mains de gens qui ne s'inquièteront pas plus de la terreur qu'inspire Arnheim, que des fictions d'un conte de fée, et qui ne feront que rire des prétentions de la maîtresse du château à être honorée et respectée.

— Est-il donc impossible de leur résister? Ce château est fort, et il me répugne d'abandonner la demeure de mes pères sans essayer de la défendre.

— Cinq cents hommes de garnison pourraient suffire pour en défendre les tours et les murailles; mais l'entreprendre avec un moindre nombre, ce serait le comble de la folie; et je ne sais comment m'y prendre pour rassembler une vingtaine de soldats. Et maintenant que vous savez toute l'histoire, permettez-moi de vous prier de congédier cet étranger, bien jeune, à ce qu'il me paraît, pour être admis chez une dame comme vous.

Je lui montrerai le chemin le plus court pour sortir du château ; car, dans le cas urgent où nous nous trouvons, nous devons nous contenter de songer à notre propre sûreté.

— Et où vous proposez-vous d'aller ? demanda la baronne, conservant toujours à l'égard de Schreckenwald cet air d'autorité absolue auquel il cédait avec quelques marques d'impatience, comme un cheval fougueux trépigne sous un cavalier en état de le maîtriser.

— J'ai dessein d'aller à Strasbourg, c'est-à-dire si vous le trouvez bon, avec telle escorte que je pourrai rassembler d'ici au point du jour. J'espère que nous pourrons passer sans être aperçus par les mutins ; et, si nous en rencontrons quelque détachement, je crois qu'il ne nous sera pas difficile de forcer le passage.

— Et pourquoi préférez-vous chercher un asile à Strasbourg plutôt qu'ailleurs ?

— Parce que je crois que nous y trouverons le père de Votre Excellence, le noble comte Albert de Geierstein.

— C'est bien, répondit la jeune baronne. Signor Philipson, je crois que vous parliez aussi de vous rendre à Strasbourg. Si cela vous convient, vous pourrez profiter de la protection de mon escorte pour gagner cette ville, où vous devez rejoindre votre père.

On croira aisément qu'Arthur accepta avec grand plaisir une offre qui devait prolonger le temps qu'il avait à passer dans la compagnie d'Anne de Geierstein, et qui pouvait, comme sa vive imagination le lui suggéra, lui fournir l'occasion de lui rendre quelque important service sur une route pleine de dangers.

Ital Schreckenwald voulut faire des représentations.

— Noble baronne, dit-il en donnant de nouvelles marques d'impatience...

— Respirez à loisir, Schreckenwald, dit Anne, et vous serez en état de vous exprimer distinctement et avec le respect convenable.

Le vassal insolent jura entre ses dents, mais répondit avec une civilité contrainte :

— Permettez-moi de vous faire observer que notre situation exige que nous n'ayons à songer qu'à vous seule. Nous ne serons pas en trop grand nombre pour vous défendre, et je ne puis permettre à aucun étranger de voyager avec nous.

— Si je croyais que ma présence dût être nuisible ou même inutile à la retraite de cette dame, dit Arthur, rien au monde, sire écuyer, ne pourrait me déterminer à accepter son offre obligeante. Mais je ne suis ni une femme ni un enfant ; je suis dans toute la force de l'âge, et disposé à payer de ma personne pour la défense de votre maîtresse.

— Si nous ne devons pas douter de votre courage et de votre savoir-faire, jeune homme, répliqua Schreckenwald, qui nous répondra de votre fidélité ?

— En tout autre lieu, s'écria Arthur, il pourrait être dangereux d'en douter.

Anne se hâta de les interrompre.—Puisque nous devons partir de si grand matin, dit-elle, il est temps d'aller prendre quelque repos; et cependant il faut nous tenir sur nos gardes en cas d'alarme. Schreckenwald, je compte sur vos soins pour placer quelques sentinelles sur les murailles. Je présume que vous avez assez de monde pour cela; et écoutez-moi bien. Mon bon plaisir, ma volonté est que cet étranger loge ici cette nuit, et qu'il voyage demain avec nous. Votre devoir est d'obéir à mes ordres, et j'en serai responsable à mon père. J'ai eu l'occasion de connaître ce jeune homme et son père, qui ont passé quelque temps chez mon oncle le Landamman. Vous le placerez à votre côté pendant le voyage, et je vous ordonne d'avoir pour lui autant de politesse que le permettra la rudesse de votre caractère.

Ital Schreckenwald la salua avec respect, mais en lui adressant un regard plein d'amertume qu'il serait difficile de décrire; car il exprimait le dépit, un orgueil humilié et une soumission forcée. Il obéit pourtant, et il conduisit Arthur dans une chambre où il trouva un bon lit, qui, après l'agitation et les fatigues qu'il avait éprouvées la journée précédente, ne lui fut nullement désagréable.

Malgré l'impatience avec laquelle il attendait le point du jour, l'excès de la fatigue le plongea dans un profond sommeil qui durait encore quand il fut éveillé, à l'instant où le firmament se teignait d'une couleur de rose du côté de l'orient, par la voix de Schreckenwald, qui s'écriait : — Debout, sire Anglais, debout, si vous voulez payer de votre personne, comme vous vous en êtes vanté. Nous devrions déjà être en selle, et nous n'attendrons pas les paresseux.

Se lever et s'habiller furent pour Arthur l'affaire d'un instant : il n'oublia pas de mettre sa cotte de mailles, et de se munir des armes nécessaires pour jouer un rôle actif dans l'escorte, s'il était nécessaire. Il courut ensuite à l'écurie pour faire seller son cheval ; et comme il traversait les corridors du rez-de-chaussée pour se rendre dans la cour, il entendit Annette Veilchem lui dire à demi-voix :

— Par ici, signor Philipson ; j'ai besoin de vous parler. Et en même temps la jeune suivante lui fit signe d'entrer dans une petite chambre où il se trouva seul avec elle.

— N'avez-vous pas été surpris, lui dit-elle, de voir ma maîtresse se faire si bien obéir par Ital Schreckenwald, qui frappe de terreur tous les autres avec son air farouche et son ton bourru ? Il semble qu'il lui soit si naturel de commander, qu'au lieu d'être baronne elle devrait être impératrice. Il faut que cela soit dû à la naissance, après tout ; car hier soir j'ai essayé de prendre un air imposant, comme ma maîtresse, et, le croirez-vous, cette brute de Schreckenwald m'a menacée de me jeter par la fenêtre ; mais si jamais je revois Martin Sprenger, je saurai si le bras d'un Suisse a de la force, et s'il est en état de jouer du bâton. Mais je m'amuse ici à jaser tandis que je devrais vous dire que ma maîtresse désire vous voir un instant avant que nous montions à cheval.

—Votre maîtresse! s'écria Arthur en tressaillant; pourquoi avez-vous ainsi perdu le temps? Que ne me l'avez-vous dit plus tôt?

—Parce que je n'étais chargée que de vous retenir ici jusqu'à ce qu'elle vînt, et... et la voilà.

Anne de Geierstein entra en costume de voyage. Annette, toujours disposée à faire pour les autres ce qu'elle aurait voulu qu'on fît pour elle, fit un mouvement pour sortir de l'appartement; mais sa maîtresse, qui avait évidemment pris son parti sur ce qu'elle avait à dire ou à faire, lui ordonna positivement de rester.

—Je suis sûre, dit-elle, que le signor Philipson interprètera convenablement le sentiment d'hospitalité, je puis dire d'amitié, qui m'a empêchée de souffrir qu'on le congédiât de mon château, et qui m'a déterminée à lui permettre de m'accompagner sur la route un peu dangereuse de Strasbourg. A la porte de cette ville, nous nous séparerons, moi pour aller joindre mon père, vous pour vous mettre sous les ordres du vôtre. A compter de ce moment, tout rapport finit entre nous, et nous ne devons nous souvenir l'un de l'autre que comme nous pensons aux amis dont la mort nous a privés.

—Il est de tendres souvenirs, dit Arthur d'un ton passionné, qui sont plus chers à nos cœurs que tous ceux que le tombeau peut nous offrir.

—Pas un mot sur ce ton, reprit la baronne. Toute illusion doit finir avec la nuit, et la raison doit s'éveiller avec l'aurore. Encore un mot. Ne m'adressez pas la parole sur la route; en le faisant vous pourriez m'exposer à des soupçons désagréables et injurieux, vous attirer des querelles, et courir des dangers. Adieu, notre escorte est prête à monter à cheval.

Elle sortit de l'appartement, et y laissa Arthur en proie au désappointement et à la tristesse. La patience, il osait même dire la manière favorable avec laquelle Anne de Geierstein avait écouté la veille l'aveu de sa passion, ne l'avait pas préparé à l'air de réserve et de retenue qu'elle lui montrait maintenant. Il ignorait qu'un cœur noble, quand la sensibilité et la passion l'ont écarté un instant du sentier des principes et du devoir, s'efforce de réparer cette faute en y rentrant sur-le-champ, et en suivant plus exactement la ligne droite qu'il a un moment quittée. Il jeta un regard douloureux sur Annette, qui, de même qu'elle était entrée dans cette chambre avant sa maîtresse, avait pris la liberté d'y rester une minute après son départ; mais il ne trouva aucune consolation dans les yeux de la suivante, qui semblait aussi déconcertée qu'il l'était lui-même.

— Je ne puis concevoir ce qui lui est arrivé, dit Annette : elle me témoigne autant de bonté que jamais; mais à l'égard de tout autre, elle est baronne et comtesse jusqu'au bout des doigts. Et maintenant voilà qu'elle commence à tyranniser ses propres sentimens, qui sont si naturels! Si c'est là de la grandeur, Annette Veilchem espère bien rester toujours une simple montagnarde ne possédant pas un sou : elle est maîtresse d'elle-même du moins ; elle est libre de causer avec son amoureux quand bon lui semble, pourvu que la religion et la modestie n'aient point à se plaindre de cette conversation. Oh ! une marguerite placée dans mes cheveux me paraît au-dessus de toutes les opales de l'Inde, si ces joyaux nous obligent à faire notre tourment et celui des autres, et nous empêchent de dire ce que nous pensons quand nous avons le cœur sur les lèvres. Mais ne craignez rien, Arthur ; si elle a la cruauté de vouloir vous oublier, vous pouvez compter sur une amie, qui, tant qu'elle aura une langue, et que Anne pourra l'entendre, la mettra dans l'impossibilité d'y réussir.

A ces mots, Annette se retira après avoir indiqué à Arthur un corridor par lequel il pourrait arriver à la cour des écuries. Il y trouva son cheval sellé et harnaché, ainsi qu'une vingtaine d'autres. Douze étaient couverts d'une armure défensive, étant destinés à un pareil nombre d'hommes d'armes, vassaux de la famille d'Arnheim, que le sénéchal avait réussi à réunir pour ce service. Deux palefrois, distingués par la magnificence de leurs harnais, attendaient Anne de Geierstein et sa suivante favorite. Les autres chevaux étaient pour les domestiques et les servantes. Au signal qui fut donné, les soldats prirent leurs lances et se placèrent chacun près de sa monture, où ils restèrent jusqu'à ce que la baronne fût à cheval ainsi que ses domestiques. Ils se mirent alors en selle, et commencèrent à marcher à pas.

lents et avec précaution. Schreckenwald était en avant, ayant à son côté Arthur Philipson. Anne et sa suivante, marchaient au centre de l'escorte, suivies par la troupe peu belliqueuse des domestiques, et deux ou trois cavaliers expérimentés formaient l'arrière-garde, avec ordre de prendre les mesures nécessaires pour être à l'abri de toute surprise.

Lorsqu'on fut en marche, la première chose qui surprit Arthur fut de ne pas entendre le son aigu et retentissant que rendent les pieds des chevaux lorsque leurs fers sont en contact avec la pierre; mais quand le jour commença à paraître, il s'aperçut qu'on leur avait soigneusement entouré les pieds de laine. C'était une chose singulière que de voir cette petite troupe descendre le chemin rocailleux qui conduisait du château dans la plaine, sans faire entendre ce bruit que nous sommes disposés à considérer comme inséparable des mouvemens de la cavalerie, et dont l'absence semblait donner un caractère particulier et presque surnaturel à cette cavalcade.

Ils suivirent ainsi le sentier sinueux du château d'Arnheim au village voisin, qui, conformément à l'ancienne coutume féodale, était situé si près de la forteresse, que ceux qui l'habitaient, lorsqu'ils en étaient requis par leur seigneur, pouvaient en quelques instans accourir à sa défense; mais il avait alors des habitans tout différens, étant occupé par les soldats révoltés du Rhingrave. Quand l'escorte approcha de l'entrée du village, Schreckenwald fit un signe, et l'on fit halte à l'instant. Il marcha alors en avant, accompagné d'Arthur, pour faire une reconnaissance, tous deux s'avançant avec mesure et circonspection. Le plus profond silence régnait dans les rues désertes. On y voyait çà et là un soldat qui paraissait avoir été mis en sentinelle, mais tous étaient profondément endormis.

— Les pourceaux de mutins! dit Schreckenwald. Quelle bonne garde ils font, et quel joli réveil-matin je leur donnerais, si mon premier objet ne devait pas être de protéger cette péronnelle acariâtre! Étranger, restez ici tandis que je vais retourner pour faire avancer l'escorte. Il n'y a aucun danger.

A ces mots, Schreckenwald quitta Arthur, qui, resté seul dans la rue d'un village rempli de bandits, quoique endormis en ce moment, n'avait pas lieu de se regarder comme en parfaite sûreté. Quelques rimes de chanson à boire, que quelque ivrogne répétait en rêvant, ou le grondement de quelque chien du village, semblait pouvoir servir de signal à cent brigands pour se lever et se montrer à lui. Mais au bout de deux ou trois minutes, la cavalcade silencieuse, conduite par Ital Schreckenwald, le rejoignit, et suivit son chef, en prenant les plus grandes précautions pour ne donner aucune alarme. Tout alla bien jusqu'à ce qu'ils arrivassent à l'autre bout du village; mais alors, quoique le *Baaren-Hauter* (1) qui y était de garde fût aussi ivre et

(1) Littéralement, « celui qui porte une peau d'ours, » sobriquet qu'on donne aux soldats allemands. — Aut. — C'est un terme de mépris. — Tr.

aussi assoupi que ses compagnons, un gros chien couché près de lui fut plus vigilant. Dès que la petite troupe approcha, l'animal poussa des hurlemens furieux, capables d'éveiller les Sept-Dormans (1), et qui interrompirent effectivement le sommeil de son maître. Le soldat prit sa carabine et lâcha son coup sans savoir ni pourquoi, ni contre qui. La balle frappa pourtant le cheval d'Arthur; l'animal tomba, et la sentinelle se précipita sur le cavalier renversé, soit pour le tuer, soit pour le faire prisonnier.

— En avant, soldats d'Arnheim! s'écria Schreckenwald; ne songez qu'à la sûreté de votre maîtresse!

— Arrêtez! je vous l'ordonne; secourez l'étranger! sur votre vie! s'écria Anne d'une voix qui, quoique naturellement douce, se fit entendre, comme le son d'un clairon d'argent, de tous ceux qui l'entouraient. Je ne ferai pas un seul pas qu'il ne soit hors de danger.

Schreckenwald avait déjà fait sentir l'aiguillon à son coursier; mais voyant qu'Anne refusait d'avancer, il revint sur ses pas, saisit un cheval sellé et bridé qui

(1) Cette allusion aux *Sept Dormans* revient souvent dans les romans de Walter Scott. C'est une légende chrétienne qui a passé dans le *merveilleux* oriental. Sous le règne de Décius, des jeunes gens d'Éphèse se réfugièrent, pour éviter la persécution, dans une caverne où ils dormirent plusieurs années. Un chien les avait suivis, et, lorsqu'ils tentèrent de le chasser, l'animal leur dit: « J'aime ceux qui sont chers à Dieu ; dormez, je vous garderai. » Ce chien est avec l'âne de Balaam dans le paradis de Mahomet. — ÉD.

était attaché à un piquet, en jeta les rênes à Arthur, et poussant le sien en même temps entre l'Anglais et le soldat, il força celui-ci à lâcher prise. A l'instant même Philipson se mit en selle, et le lansquenet se précipitant encore sur lui pour le saisir, il prit une hache d'armes qui était suspendue à l'arçon de la selle de sa nouvelle monture, et lui en porta un coup qui le renversa. Toute la troupe partit alors au galop, car l'alarme commençait à se répandre dans le village, et l'on voyait quelques soldats sortir des maisons, et se disposer à monter à cheval. Avant que Schreckenwald et le cortège eussent fait un mille, ils entendirent plus d'une fois le son des cors, et étant arrivés sur le haut d'une éminence dominant le village, le chef, qui, pendant cette retraite, s'était placé à l'arrière-garde, fit halte pour reconnaître l'ennemi laissé en arrière. Tout était en confusion et en tumulte dans la rue, mais on ne paraissait pas se disposer à les poursuivre. Schreckenwald continua donc sa route le long de la rivière, sans pourtant aller assez vite pour mettre hors de service le plus mauvais cheval de toute la troupe.

Après plus de deux heures de marche, Schreckenwald reprit assez de confiance pour ordonner une halte derrière un petit bois qui couvrait sa troupe, afin que les chevaux et les cavaliers pussent se reposer et prendre quelque nourriture; car il avait eu soin de se munir de fourrage et de provisions. Après avoir eu une courte conversation avec la baronne, il revint trouver son compagnon de voyage, qu'il continuait à traiter avec une civilité grossière. Il l'invita même à partager les rafraîchissemens dont il était pourvu, et qui n'étaient pas plus recherchés que ceux des simples cavaliers, mais qui étaient accompagnés d'un flacon de vin plus choisi.

— A votre santé, mon frère, dit-il à Arthur; si vous racontez avec vérité l'histoire de notre voyage, vous conviendrez que je me suis conduit à votre égard en bon camarade, il y a deux heures, en traversant le village d'Arnheim.

— Je ne le nierai jamais, monsieur, répondit Arthur Philipson, et je vous remercie de m'avoir secouru fort à propos; n'importe que vous l'ayez fait par ordre de votre maîtresse, ou de votre propre volonté.

— Oh! oh! l'ami! s'écria Schreckenwald en riant; vous êtes un philosophe, et vous pouvez faire des distinctions pendant que votre cheval est abattu sur vous et qu'un *Baaren-Hauter* vous tient le sabre sur la gorge! Eh bien! puisque votre esprit a fait cette découverte, je me soucie peu que vous sachiez que je ne me serais fait aucun scrupule de sacrifier vingt figures imberbes comme la vôtre, plutôt que de laisser courir le moindre danger à la jeune baronne d'Arnheim.

— Ce sentiment est si juste, que je l'approuve, répliqua Philipson, quoique vous eussiez pu l'exprimer d'une manière moins grossière.

En faisant cette réponse, Arthur, piqué de l'insolence de Schreckenwald, éleva un peu la voix. Cette circonstance fut remarquée, car au même instant Annette Veilchem arriva près d'eux, et leur ordonna à tous deux, de la part de sa maîtresse, de parler plus bas, ou plutôt de garder tout-à-fait le silence.

— Dites à votre maîtresse que je vais être muet, répondit Arthur.

— Notre maîtresse, la baronne, continua Annette, en appuyant sur ce titre, auquel elle commençait à attribuer l'influence d'un talisman; la baronne, vous dis-je, prétend que le silence est très-important à notre sûreté; car il serait dangereux d'attirer sur cette petite troupe fugitive l'attention des voyageurs qui peuvent passer sur la route pendant que nous faisons cette halte indispensable. Les ordres de la baronne sont donc que vous continuiez à fournir de l'occupation à vos dents le plus vite possible, mais que vous vous absteniez de donner de l'exercice à vos langues jusqu'à ce que nous soyons en lieu de sûreté.

— La baronne est prudente, dit Ital Schreckenwald, et sa suivante a de l'esprit. Annette, je bois un verre de vin de Rudersheimer à la continuation de sa sagacité, et à celle de votre aimable vivacité. Vous plaira-t-il de m'en faire raison, en buvant avec moi?

— Fi donc, tonneau allemand! fi! flacon de vin éternel! Avez-vous jamais vu une fille modeste boire du vin avant le dîner?

— Eh bien! tu n'en éprouveras pas les inspirations généreuses; contente-toi de nourrir ton humeur satirique avec du cidre acide ou du petit-lait aigre.

Après avoir pris quelques instans pour se rafraîchir, les voyageurs remontèrent à cheval, et ils marchèrent avec une telle célerité, que, long-temps avant midi, ils arrivèrent à la petite ville fortifiée de Kehl, située en face de Strasbourg sur la rive droite du Rhin.

C'est aux antiquaires du pays qu'il appartient de découvrir si nos voyageurs firent la traversée de Kehl à Strasbourg par le célèbre pont de bateaux qui sert aujourd'hui de moyen de communication entre les deux rives, ou s'ils passèrent le Rhin de quelque autre manière; il nous suffira de dire qu'ils le traversèrent en sûreté. Dès qu'ils furent sur l'autre rive, soit que la baronne craignît qu'Arthur n'oubliât l'avis qu'elle lui avait donné, qu'ils devaient se séparer en cet endroit, soit qu'elle crût pouvoir lui dire encore quelques mots à l'instant de le quitter, avant de remonter à cheval, elle s'approcha du jeune Anglais, qui ne prévoyait que trop ce qu'il allait entendre.

—Jeune étranger, lui dit-elle, je dois maintenant vous faire mes adieux. Mais permettez-moi d'abord de vous demander si vous savez où vous devez chercher votre père?

—Il m'a donné rendez-vous dans une auberge à l'enseigne du Cerf-Ailé, répondit Arthur avec un ton d'accablement; mais je ne sais pas dans quelle partie de cette grande ville elle se trouve.

—Connaissez-vous cette auberge, Ital Schreckenwald?

—Moi, noble baronne! non. Je ne connais ni Strasbourg, ni les auberges de cette ville; et je crois qu'aucun de nos gens n'est plus savant que moi.

— Du moins vous parlez allemand ainsi qu'eux, reprit la baronne d'un ton sec, et vous pouvez prendre des renseignemens plus facilement qu'un étranger. Chargez-vous-en, monsieur, et n'oubliez pas que l'humanité pour un étranger est un devoir religieux.

En levant les épaules de manière à prouver que cette mission ne lui plaisait guère, Ital alla faire quelques enquêtes; et quelque courte que fût son absence, elle fournit à Anne de Geierstein l'occasion de dire en secret à Arthur: — Adieu! adieu! Acceptez ce gage d'amitié et portez-le pour l'amour de moi. Puissiez-vous être heureux!

Ses doigts déliés lui glissèrent dans la main un très-petit paquet. Il se retourna pour la remercier, mais elle était déjà à quelque distance, et Schreckenwald, qui venait de reprendre sa place à son côté, lui dit avec le ton dur qui lui était ordinaire: — Allons, venez! j'ai trouvé votre lieu de rendez-vous, et je n'ai pas le loisir de jouer long-temps le rôle de chambellan.

Il précéda Arthur, qui, monté sur son coursier, le suivit en silence jusqu'à un endroit où une grande rue coupait à angles droits celle qu'ils avaient prise en quittant le quai où ils avaient débarqué.

— Voilà le Cerf-Ailé, lui dit alors Ital en lui montrant une grande enseigne attachée à une énorme charpente en bois, et qui s'étendait presque sur toute la largeur de la rue. Je crois que votre intelligence pourra vous suffire pour guide, avec une telle enseigne devant les yeux.

A ces mots, il fit retourner son cheval, sans faire d'autres adieux au jeune étranger, et retourna joindre sa maîtresse et son escorte.

Les yeux d'Arthur s'arrêtèrent un instant sur le même groupe, mais presque aussitôt le souvenir de son père se présenta à son esprit, et pressant la marche de son cheval fatigué il arriva à l'auberge du Cerf-Ailé.

CHAPITRE XXIV.

« Lorsque de soie et d'or mes jours étaient filés,
« Je régnais, il est vrai, sur la belle Angleterre ;
« Mais mon front aujourd'hui, courbé dans la poussière,
« Ne s'offre plus à vous ceint du bandeau des rois.
« Contre moi le destin se déclare, et je dois
« Me montrer résignée à mon humble fortune. »

Shakspeare.

Les voyageurs qui allaient loger à l'hôtellerie du Cerf-Ailé à Strasbourg n'y trouvaient guère plus de politesse et plus d'attention pour leurs besoins et leurs aises que chez Mengs et dans toutes les autres auberges de l'Empire germanique à cette époque; mais la jeunesse et la bonne mine d'Arthur Philipson, circonstances qui ne manquent jamais ou qui manquent rarement de produire quelque effet sur le beau sexe, eurent assez d'influence sur une petite *yung frau* dont les joues vermeilles étaient embellies d'une double fossette et dont les yeux étaient bleus et la peau blanche. C'était la fille de l'aubergiste du Cerf-Ailé, vieillard que son embonpoint retenait sur sa chaise de chêne dans le *stubé*. Elle montra au jeune Anglais une condescendance qui était presque une dégradation pour la race privilégiée à laquelle elle appartenait. Non-seulement elle mit ses légers brodequins et le bas d'une jambe bien tournée en danger de se salir, en traversant la cour pour lui montrer une écurie disponible, mais Arthur lui ayant demandé des nouvelles de son père, elle daigna se rappeler qu'un voyageur semblable à celui dont il lui faisait la description était venu loger le soir précédent au Cerf-Ailé, et avait dit qu'il y attendait un jeune homme, son compagnon de voyage.

— Je vais vous l'envoyer, beau sire, répondit la petite *yung frau* avec un sourire qui, si l'on doit juger du prix d'un sourire par sa rareté, devait passer pour inestimable.

Elle tint sa parole. Au bout de quelques instans Philipson entra dans l'écurie, et serra son fils dans ses bras.

— Mon fils! mon cher fils! s'écria l'Anglais, dont le stoïcisme céda à sa sensibilité naturelle et à sa tendresse paternelle, vous êtes pour moi le bienvenu en tout temps; mais vous l'êtes doublement dans un moment d'inquiétude et de danger, et encore davantage dans un instant qui amène précisément la crise de notre destinée. Dans quelques heures je saurai ce que nous pouvons attendre du duc de Bourgogne. Avez-vous le gage important que vous savez?

La main d'Arthur chercha d'abord ce qui, dans les deux sens, lui touchait le cœur de plus près, le gage d'amitié qu'Anne lui avait donné en le quittant; mais il retrouva sa présence d'esprit sur-le-champ, et il remit à son père la petite boîte qui avait été perdue et recouvrée d'une manière si étrange à la Férette.

— Depuis que vous ne l'avez vu, lui dit-il, il a couru des risques ainsi que moi. J'ai reçu l'hospitalité dans un château la nuit dernière, et ce matin un corps de lansquenets des environs s'est insurgé parce qu'il ne recevait pas sa paie. Les habitans du château ont pris la fuite pour échapper à leur violence, et comme nous passions au point du jour près de ces mutins, un *baaren-hauter* ivre a tué sous moi mon pauvre cheval, et j'ai été obligé, par voie d'échange, de me contenter de cette lourde monture flamande, avec sa selle d'acier et son mauvais chanfrein.

— Notre route est parsemée d'écueils, et j'en ai aussi rencontré ma part, car j'ai couru un grand danger, lui répondit son père sans lui en expliquer la nature, dans une auberge où j'ai passé la nuit dernière; mais j'en suis parti ce matin, et je suis arrivé ici en sûreté. J'ai enfin obtenu une escorte pour me conduire au camp du Duc, près de Dijon, et j'espère avoir une audience de lui ce soir. Alors, si notre dernier espoir nous est ravi, nous nous rendrons à Marseille; nous nous y embarquerons pour l'île de Candie ou pour celle de Rhodes, et nous exposerons notre vie pour la défense de la chrétienté, puisque nous ne pouvons plus combattre pour l'Angleterre.

Arthur entendit ce discours de mauvais augure sans y rien répondre; mais il fit sur son cœur une impression aussi profonde que celle que produit sur l'esprit d'un criminel la sentence d'un juge qui le condamne à passer en prison le reste de son existence. Les cloches de la cathédrale commencèrent à sonner en ce moment, et rappelèrent à Philipson le devoir qui lui prescrivait d'entendre la messe, qu'on célébrait à toute heure dans quelqu'une des chapelles de ce magnifique édifice. Il annonça son intention à son fils; et Arthur le suivit.

En approchant de la cathédrale, nos voyageurs trouvèrent leur chemin obstrué, comme c'est l'usage dans les pays catholiques (1), par une foule de mendians des deux sexes, attroupés autour du portail pour fournir aux fidèles l'occasion de s'acquitter du devoir de l'aumône, devoir si positivement enjoint par les préceptes de leur Église. Les deux Anglais se débarrassèrent de leurs importunités en donnant, comme c'est la cou-

(1) A cette époque il y avait peu de pays non-catholiques. Depuis la réforme, *la taxe des pauvres* explique comment les mendians sont moins nombreux en Angleterre. — Éd.

tume en pareille occasion, quelques pièces de petite monnaie à ceux qui semblaient être dans le plus grand besoin et mériter davantage leur charité. Une grande femme qui était debout sur la dernière marche du perron, près du portail, tendit la main à Philipson, et celui-ci, frappé de son extérieur, lui présenta une pièce d'argent, au lieu de la monnaie de cuivre qu'il avait distribuée aux autres.

— Quelle merveille! s'écria-t-elle, mais de manière à n'être entendue que de lui, quoique Arthur l'entendît également; oui, c'est un miracle! Un Anglais avoir encore une pièce d'argent, et être en état de la donner aux pauvres!

Arthur remarqua que le son de la voix de cette femme, ou les paroles qu'elle venait de prononcer, faisaient tressaillir son père; et, dans le fait, il trouvait lui-même dans ce discours quelque chose qui était au-dessus de la portée d'une mendiante ordinaire. Mais, après avoir jeté un coup d'œil sur celle qui venait de parler ainsi, Philipson entra dans l'église, et donna toute son attention à la messe qu'un prêtre célébrait dans une chapelle d'une des ailes de ce splendide édifice, et qui, d'après le tableau placé au-dessus de l'autel, était dédiée à saint George, ce saint militaire dont la véritable histoire est si obscure, quoique sa légende populaire l'ait rendu un objet de vénération toute particulière pendant les siècles de la féodalité. La cérémonie commença et finit avec toutes les formes d'usage. Le prêtre officiant se retira avec les enfans de chœur qui avaient servi la messe, et quoique quelques-uns des fidèles qui avaient assisté à cette solennité restassent encore occupés à finir leur chapelet ou à faire quelques prières particulières, la plupart sortirent de la chapelle, soit pour passer dans une autre, soit pour aller s'occuper de leurs affaires.

Mais Arthur remarqua que, tandis qu'ils s'en allaient les uns après les autres, la grande femme à qui son père avait donné une pièce d'argent continuait de rester à genoux devant l'autel, et il fut encore plus surpris que son père, qui, comme il le savait, avait de fortes raisons pour ne donner alors à la dévotion que le temps nécessaire pour s'acquitter des devoirs prescrits par la religion, restât également agenouillé, les yeux fixés sur cette mendiante qui avait la tête couverte d'un grand voile, et dont on aurait dit que les mouvemens devaient déterminer les siens; mais il ne se présenta à son esprit aucune idée qui pût le mettre en état de former la moindre conjecture sur les motifs que pouvait avoir son père pour agir ainsi. Il savait seulement qu'il était occupé d'une négociation critique et dangereuse qui pouvait éprouver de l'influence ou quelque interruption de différens côtés; il savait aussi que la méfiance politique avait tellement pris l'éveil en France, en Italie et dans la Flandre, que les agens les plus importans étaient souvent obligés de prendre les déguisemens les plus impénétrables, afin de s'introduire, sans donner lieu à aucun soupçon, dans les pays où leurs services étaient nécessaires. Louis XI surtout, dont la politique singulière semblait jusqu'à un certain point imprimer un caractère particulier à ce siècle, était connu pour avoir déguisé ses principaux émissaires sous les divers costumes de moines mendians, de ménestrels, d'Égyptiens, et d'autres voyageurs privilégiés du plus bas étage.

Arthur en conclut donc qu'il n'était pas invraisemblable que cette femme fût, comme son père et lui, quelque chose de plus que ses vêtemens ne l'indiquaient, et il résolut de bien observer la conduite de son père, et de régler la sienne en conséquence. Enfin une cloche annonça qu'une grand'messe allait être célébrée au grand autel, et ce son fit sortir de la chapelle de Saint-George tous ceux qui y restaient encore, à l'exception du père et du fils, et de la femme qui était toujours agenouillée en face d'eux. Quand tous les autres en furent partis, la mendiante se leva, et s'avança vers Philipson. Celui-ci, croisant les bras sur sa poitrine et baissant la tête, dans une attitude humble et respectueuse que son fils ne l'avait jamais vu prendre, parut attendre ce qu'elle avait à lui dire, plutôt que se disposer à lui adresser la parole.

Elle s'arrêta un instant. Quatre lampes allumées devant l'image du saint jetaient une faible clarté sur son coursier et sur son armure, car il était représenté transperçant le dragon, dont les ailes étendues et le cou gonflé de fureur étaient à peine visibles sous leurs rayons; le peu de jour qui régnait dans le reste de la chapelle était dû au soleil d'automne, qui pouvait à peine pénétrer à travers les vitraux peints de la fenêtre longue et étroite qui en formait la seule ouverture extérieure. La lumière sombre et incertaine qu'il produisait, chargée des diverses couleurs des vitraux, tombait sur la taille majestueuse de cette femme, qui semblait pourtant abattue et accablée, sur les traits mélancoliques et inquiets de Philipson, et sur ceux d'Arthur, qui, avec l'intérêt ardent de la jeunesse, soupçonnait et prévoyait des suites extraordinaires d'une semblable entrevue.

Enfin elle s'approcha du côté de la chapelle où Arthur était avec son père, comme pour pouvoir s'en faire entendre plus distinctement sans être obligée d'élever la voix plus qu'elle ne l'avait fait en parlant à Philipson d'un ton grave et solennel à la porte de l'église.

— Vénérez-vous ici, lui demanda-t-elle, le saint George de Bourgogne ou le saint George de la joyeuse Angleterre, la fleur de la chevalerie?

— Je vénère, répondit Philipson les mains toujours humblement croisées sur son cœur, le saint auquel cette chapelle est dédiée, et le Dieu près duquel j'espère en son intercession, soit ici, soit dans mon pays natal.

— Oui, vous-même, vous qui avez fait partie du miroir de la chevalerie, vous pouvez oublier ce que vous avez vénéré dans la chapelle royale de Windsor; vous pouvez, vous-même, oublier que vous y avez fléchi un genou, entouré de la jarretière, dans un lieu où des rois et des princes étaient agenouillés autour de vous,

vous pouvez l'oublier, et offrir vos oraisons dans une chapelle étrangère, sans avoir le cœur troublé par la pensée de ce que vous avez été; prier comme un pauvre paysan pour avoir du pain et conserver l'existence pendant le jour qui passe sur votre tête!

— Madame, à l'époque où je pouvais avoir le plus de fierté, je n'étais devant l'Être auquel j'offrais mes prières que comme un vermisseau couvert de poussière. Aujourd'hui je ne suis ni plus ni moins à ses yeux, quelque dégradé que je puisse paraître à ceux de mes semblables.

— Comment peux-tu penser ainsi? et pourtant il est heureux pour toi que tu le puisses. Mais que sont tes pertes, comparées aux miennes?

Elle porta la main à son front, et parut un instant livrée à des souvenirs accablans.

Arthur s'approcha de son père et lui demanda à voix basse, mais avec un ton d'intérêt irrésistible: — Mon père, qui est cette dame? serait-ce ma mère?

— Non, mon fils, répondit Philipson; silence, pour l'amour de tout ce qui vous est cher, de tout ce que vous regardez comme sacré.

La question et la réponse avaient été faites à demi-voix, cependant cette femme singulière avait entendu l'une et l'autre.

— Oui, jeune homme, dit-elle, je suis, j'ai été, devrais-je dire, votre mère, la mère, la protectrice de tout ce qui était noble en Angleterre: je suis Marguerite d'Anjou.

Arthur fléchit le genou devant la veuve intrépide d'Henri VI, qui avait si long-temps, et dans des circonstances si désespérées, soutenu par un courage déterminé et par une politique profonde, la cause chancelante de son faible époux; et qui, si elle avait quelquefois abusé de la victoire en se livrant à la vengeance et à la cruauté, avait expié cette faute en partie, par la résolution indomptable avec laquelle elle avait bravé les plus terribles orages de l'adversité. Arthur avait été élevé dans les sentimens du plus entier dévouement pour la maison alors détrônée de Lancastre, dont son père avait été un des plus nobles appuis; et ses premiers exploits, qui, quoique si malheureux, n'avaient été ni obscurs ni méprisables, avaient eu lieu pour cette cause. Avec un enthousiasme appartenant à son âge, et qui était aussi la suite de son éducation, il jeta sa toque par terre au même instant, et se précipita aux pieds de son infortunée souveraine.

Marguerite rejeta en arrière le voile qui cachait ses traits nobles et majestueux. Elle avait encore des restes de cette beauté célébrée autrefois comme sans égale en Europe, malgré les torrens de larmes qui avaient sillonné ses joues, malgré l'inquiétude, les chagrins domestiques et l'orgueil humilié, qui avaient en partie éteint le feu de ses yeux et privé son front de son caractère de dignité. La froide apathie qu'une longue suite d'infortunes et d'espérances trompées avait fait naître dans le cœur de cette malheureuse princesse, céda un instant à la vue de l'enthousiasme de ce beau jeune homme. Elle lui tendit une main qu'il baisa en l'arrosant de larmes, et elle passa l'autre, avec la tendresse d'une mère, sur les boucles de ses cheveux, tout en cherchant à le relever. Pendant ce temps, son père ferma la porte de la chapelle, s'y appuya, s'éloignant de ce groupe intéressant, pour empêcher qu'aucun étranger ne vînt à entrer pendant une scène si extraordinaire.

— Ainsi donc, beau jeune homme, dit Marguerite d'une voix dans laquelle on pouvait remarquer la tendresse d'une femme combattant, d'une manière étrange, contre la fierté naturelle du rang, et contre l'indifférence calme et stoïque causée par tant de malheurs; ainsi donc tu es le dernier rejeton de ce noble tronc, dont tant de belles branches sont tombées pour notre malheureuse cause. Hélas! que puis-je faire pour toi? Marguerite n'a pas même une bénédiction à donner! Son destin est si cruel qu'elle maudit en bénissant; elle n'a qu'à te regarder et te souhaiter du bonheur pour rendre ta perte prompte et sûre. C'est moi, moi, qui ai été le fatal arbre à poison dont l'influence a détruit toutes les belles plantes qui croissaient autour de moi et à mes côtés! j'ai causé la mort de tous mes amis, et cependant la mort ne peut me frapper moi-même!

— Ma noble et royale maîtresse, dit le père d'Arthur, que votre cœur qui a supporté tant de malheurs ne se décourage pas maintenant qu'ils sont passés, et que nous avons du moins l'espoir de voir arriver un temps plus heureux pour vous et pour l'Angleterre.

—Pour l'Angleterre! pour moi! noble Oxford, dit la reine désolée; si le soleil pouvait me revoir demain assise sur le trône d'Angleterre, qui pourrait me rendre ce que j'ai perdu? Je ne parle ni de richesse, ni de puissance, elles ne sont rien dans la balance; je ne parle pas de cette armée de nobles amis qui ont péri pour me défendre moi et les miens, les Somersets, les Percys, les Straffords, les Cliffords, la renommée leur a assigné une place dans les annales de leur pays; je ne parle pas de mon époux, il a échangé la situation d'un saint souffrant sur la terre, pour celle d'un saint glorifié dans le ciel. Mais, ô Oxford, mon fils, mon Édouard! m'est-il possible de jeter les yeux sur ce jeune homme sans me rappeler que votre épouse et moi nous leur avons donné la naissance une même nuit? Combien de fois n'avons-nous pas cherché, elle et moi, à prévoir leur fortune future, et à nous persuader que la même constellation qui avait présidé à leur naissance verserait une influence propice et bienfaitrice sur toute leur vie jusqu'à ce qu'ils pussent recueillir une riche moisson d'honneur et de félicité! Hélas! ton Arthur vit; mais mon Édouard, né sous les mêmes auspices, repose dans une tombe ensanglantée?

Elle se couvrit la tête de sa mante, comme pour étouffer les cris et les gémissemens que ces cruels souvenirs arrachaient à sa tendresse maternelle. Philipson, ou le comte d'Oxford exilé, distingué, comme on peut le dire, dans un temps où l'on avait vu tant de personnes changer de parti, par un attachement fidèle et loyal à la maison de Lancastre, vit qu'il était imprudent de laisser sa souveraine s'abandonner à cette faiblesse.

—Madame, lui dit-il, le voyage de la vie est celui d'une courte journée d'hiver; et soit que nous profitions ou non de sa durée, il n'en faut pas moins qu'elle se termine. Ma souveraine est, j'espère, trop maîtresse d'elle-même pour souffrir que le regret du passé l'empêche de pouvoir tirer parti du présent. Je suis ici par obéissance à vos ordres; je dois voir avant peu le duc de Bourgogne; s'il se prête aux impressions que nous désirons lui donner, il peut arriver des événemens qui changeront notre tristesse en joie. Mais il faut saisir l'occasion avec autant de promptitude que de zèle. Informez-moi donc, madame, pourquoi Votre Majesté est venue ici déguisée, et au risque de plus d'un danger. Sûrement ce n'était pas seulement pour pleurer sur ce jeune homme que la noble reine Marguerite a quitté la cour de son père, sous ce vil costume, et, laissant un lieu où elle était en sûreté, est venue dans un pays où elle court du moins quelques risques, si elle n'est pas positivement en péril.

— Vous vous jouez de moi, Oxford, répondit la malheureuse reine, ou vous vous trompez vous-même, si vous croyez revoir encore cette Marguerite qui ne prononçait jamais un mot sans quelque raison, et dont la moindre action était déterminée par un motif. Hélas! je ne suis plus la même!!! La fièvre du chagrin, en me faisant haïr le lieu où je me trouve, me chasse vers un autre par une irrésistible impatience d'esprit. Je suis en sûreté, dites-vous, à la cour de mon père; mais est-elle supportable pour une ame comme la mienne? Une femme qui a été privée du plus noble et du plus riche royaume de l'Europe, qui a perdu des armées de nobles amis, qui est épouse sans mari et mère sans enfans, sur qui le ciel a versé les dernières gouttes de son courroux, peut-elle s'abaisser à être la compagne d'un faible vieillard qui trouve dans les sonnets et la musique, dans des folies et des futilités, dans le son de la harpe et dans la cadence des vers, une consolation non-seulement de tout ce que la pauvreté a d'humiliant, mais, ce qui est encore pire, du ridicule et du mépris?

— Avec votre permission, Madame, ne blâmez pas le bon roi René, parce que, persécuté par la fortune, il a su s'ouvrir des sources plus humbles de consolation que votre esprit plus fier est disposé à dédaigner. Un défi entre ses ménestrels a pour lui tout l'attrait d'un combat chevaleresque, et une couronne de fleurs, tressée par ses troubadours et chantée dans leurs sonnets, lui paraît une compensation suffisante pour les diadèmes de Naples et des Deux-Siciles dont il ne possède que le vain titre.

— Ne me parlez pas de ce vieillard digne de pitié, tombé au-dessous de la haine de ses plus mortels ennemis, qui ne l'ont jamais jugé digne que de mépris. Je te dis, noble Oxford, que mon séjour à Aix, au milieu de ce misérable cercle qu'il appelle sa cour, m'a presque fait perdre la raison. Mes oreilles, quoiqu'elles ne s'ouvrent volontiers maintenant que pour des paroles d'affliction, ne sont pas si importunées du bruit éternel des harpes, des castagnettes et des autres instrumens; mes yeux ne sont pas si fatigués de la vue de la sotte affectation d'un cérémonial de cour, qui n'imprime le respect que lorsqu'il indique la richesse et qu'il annonce le pouvoir, que mon cœur est dégoûté de la misérable ambition qui peut trouver du plaisir dans un vain clinquant, quand tout ce qui est grand et noble a disparu! Non, Oxford, si je suis destinée à perdre la dernière chance que la fortune inconstante semble m'offrir, je me retirerai dans le couvent le plus obscur des Pyrénées, et j'éviterai du moins le spectacle de la gaieté idiote de mon père. Qu'il s'efface de notre mémoire comme des pages de l'histoire dans lesquelles son nom ne se trouvera jamais! J'ai à vous dire et à apprendre de vous des choses plus importantes. Et maintenant, mon cher Oxfort, quelles nouvelles d'Italie? Le duc de Milan nous aidera-t-il de ses conseils ou de ses trésors?

— De ses conseils! Madame, très-volontiers; mais je ne sais s'ils vous plairont, car il nous recommande la soumission à notre malheureux destin, et la résignation aux volontés de la Providence.

— L'astucieux Italien! Galéas n'avancera donc aucune partie des trésors qu'il a amassés? il n'assistera pas une amie à qui il a si souvent juré sa foi?

— Les diamans que je lui ai offert de déposer entre ses mains n'ont pas même pu le déterminer à ouvrir son trésor pour nous fournir des ducats pour notre entreprise. Cependant il m'a dit que si le duc Charles pensait sérieusement à faire un effort en notre faveur, il avait tant de considération pour ce grand prince, et il prenait une part si vive aux infortunes de Votre Majesté, qu'il verrait ce que l'état de ses finances, quoique épuisées, et la situation de ses sujets, quoique appauvris par les impôts et la taille, pourrait lui permettre de vous avancer.

— L'hypocrite à double visage! Ainsi donc, si l'aide du duc de Bourgogne nous offre une chance de regagner ce qui nous appartient, il nous avancera quelque méprisable argent pour que notre prospérité renaissante puisse oublier l'indifférence avec laquelle il a vu notre adversité! Mais parlons du duc de Bourgogne. Je me suis hasardée ici pour vous dire ce que j'ai appris, et pour être informée des résultats de vos démarches. Des gens de confiance veillent à ce que notre entrevue reste secrète. Mon impatience de vous voir m'a amenée ici sous ce déguisement; et j'ai une petite suite dans un couvent à un mille de la ville. J'ai fait épier votre arrivée par le fidèle Lambert; et maintenant je viens pour connaître vos espérances et vos craintes, et pour vous faire part des miennes.

— Je n'ai pas encore vu le Duc, Madame. Vous connaissez son caractère; il est volontaire, vif, hautain, opiniâtre. S'il peut adopter la politique calme et soutenue que les circonstances exigent, je ne doute guère qu'il n'obtienne toute satisfaction de Louis, son ennemi juré, et même d'Edouard, son ambitieux beau-frère.

Mais s'il s'abandonne à des accès de colère extravagante, sans provocation, ou même avec de justes motifs, il peut se précipiter dans une querelle avec les Suisses, nation pauvre mais intrépide; il se trouvera probablement engagé dans une lutte dangereuse, dans laquelle il ne peut espérer de gagner le moindre avantage, tandis qu'il court le risque de faire les pertes les plus sérieuses.

— Il ne se fiera sûrement pas à l'usurpateur Edouard, dans le moment même où celui-ci lui donne la plus grande preuve de trahison?

— Sous quel rapport, Madame? La nouvelle dont vous me parlez n'est pas encore arrivée jusqu'à moi.

— Comment, mylord! suis-je donc la première à vous annoncer qu'Édouard d'York a traversé la mer avec une armée telle que l'illustre Henri V, mon beau-père, n'en a peut-être jamais fait passer de France en Italie!

— J'avais entendu dire qu'on s'attendait à cet événement, et je prévoyais que le résultat en serait fatal à notre cause.

— Oui, Édouard est arrivé. Ce traître, cet usurpateur a bravé le roi Louis, en le faisant sommer de lui remettre, comme lui appartenant de droit, la couronne de France, cette couronne qui fut placée sur la tête de mon malheureux époux, lorsqu'il était encore au berceau.

— La chose est donc décidée! les Anglais sont en France! dit le comte d'Oxford avec le ton de la plus vive inquiétude. Et qui Édouard amène-t-il avec lui pour cette expédition ?

— Tous les plus cruels ennemis de notre maison et de notre cause. Cet homme sans foi et sans honneur, ce traître George, qu'il appelle duc de Clarence, le buveur de sang Richard, le licencieux Hastings, Howard, Stanley; en un mot les chefs de tous ces traîtres que je ne voudrais nommer qu'autant que ma malédiction pourrait les balayer de la surface de la terre.

— Et je tremble en vous faisant cette question : le duc de Bourgogne se prépare-t-il à les joindre dans cette guerre, et à faire cause commune avec cette armée de la maison d'York contre le roi de France?

— D'après les avis privés que j'ai reçus, ils sont sûrs, et le bruit général les confirme, non, mon bon Oxford, non.

— Que tous les saints en soient loués! Édouard d'York, car je rends justice même à un ennemi, est un chef audacieux et intrépide; mais ce n'est ni Édouard III, ni le prince Noir, ce héros renommé; ce n'est pas même cet Henri V de Lancastre, sous lequel j'ai gagné mes éperons, et au lignage duquel le souvenir de sa glorieuse mémoire aurait suffi pour me rendre fidèle, quand même mon serment d'allégeance m'aurait permis de concevoir une seule pensée de défection. Qu'Edouard fasse la guerre à Louis sans le secours de la Bourgogne, sur lequel il a compté. Sans doute Louis n'est pas un héros, mais c'est un général prudent et habile, et plus à redouter peut-être dans ce siècle politique, qu'un Charlemagne qui pourrait encore lever l'oriflamme, entouré de Roland et de tous ses paladins. Louis ne risquera pas des batailles comme celles de Crécy, de Poitiers et d'Azincourt. Ayons mille lances du Hainaut, et vingt mille écus de la Bourgogne, et Edouard pourra perdre l'Angleterre pendant qu'il s'occupera d'une guerre prolongée pour recouvrer la Normandie et la Guienne. Mais que fait à présent le duc de Bourgogne?

— Il menace l'Allemagne, et ses troupes parcourent la Lorraine, dont il occupe les principales villes et les châteaux forts.

— Où est René de Vaudemont? c'est un jeune homme entreprenant et courageux, dit-on; il réclame la Lorraine du chef de sa mère, Yolande d'Anjou, sœur de Votre Majesté.

— Il s'est réfugié en Allemagne ou en Suisse.

— Que le Duc prenne garde à lui. Si ce jeune homme dépouillé trouve des confédérés en Allemagne, et obtient l'alliance des intrépides Suisses, Charles peut trouver en lui un ennemi plus formidable qu'il ne s'y attend. C'est la force du Duc qui fait toute la nôtre en ce moment, et s'il l'épuise en efforts frivoles et inutiles, nos espérances, hélas! s'évanouissent avec son pouvoir, quand même il aurait la volonté décidée de nous aider. Mes amis, en Angleterre, sont résolus à ne pas faire un mouvement sans avoir reçu de la Bourgogne des secours d'hommes et d'argent.

— C'est un motif de crainte, Oxford, mais ce n'est pas le plus urgent. Je redoute bien davantage la politique de Louis, qui, à moins que mes espions ne m'aient grossièrement trompée, a déjà proposé secrètement la paix à Édouard, une trève de sept ans, et une somme considérable pour le mettre à portée d'assurer l'Angleterre à la maison d'York.

— Impossible, madame; nul Anglais, à la tête d'une armée semblable à celle que commande Édouard, n'oserait, sans honte, se retirer de la France sans avoir fait une noble tentative pour recouvrer les provinces que l'Angleterre a perdues.

— Tels seraient les sentimens d'un prince légitime, qui aurait laissé derrière lui un royaume fidèle et obéissant; mais tels ne peuvent être ceux de cet Édouard, dont l'esprit est peut-être aussi bas que son sang est vil, puisqu'on prétend que son véritable père est un nommé Blackburn, archer de Middleham (1), et qui, s'il n'est pas un bâtard, est du moins un usurpateur. Non, tels ne peuvent être ses sentimens; chaque brise arrivant d'Angleterre lui apportera des craintes de la défection des sujets sur lesquels il jouit d'une autorité usurpée. Il ne dormira pas en paix jusqu'à ce qu'il soit de retour en Angleterre, avec ses coupe-jarrets sur lesquels il compte pour défendre la couronne dont il s'est emparé. Il ne fera pas la guerre à Louis, car Louis n'hésitera pas à flatter son orgueil en s'humiliant devant lui, et à assouvir sa cupidité en lui prodiguant l'or pour fournir à ses profusions voluptueuses. Je crains donc que nous

(1) Le parti de Lancastre prétendait qu'Édouard était bâtard, ce qui était sans fondement. — Tr.

n'apprenions bientôt son départ de France avec son armée, n'emportant que la vaine gloriole d'avoir déployé ses étendards, pendant une quinzaine de jours, dans les provinces qui autrefois appartenaient à l'Angleterre.

— Il n'en est que plus important de presser la décision du duc de Bourgogne; et je vais partir pour Dijon afin d'y travailler. Il faut à une armée comme celle d'Édouard plusieurs semaines pour traverser le détroit. Il est probable qu'elle passera l'hiver en France, quand même il y aurait une trève avec le roi Louis. Avec mille lances du Hainaut, tirées de la partie orientale de la Flandre, je serai bientôt dans le Nord, où nous comptons un grand nombre d'amis, outre l'assurance que nous avons d'obtenir les secours de l'Écosse. Les comtés de l'ouest nous sont fidèles et s'insurgeront au premier signal. On pourra trouver un Clifford, quoique les brouillards des montagnes l'aient dérobé aux recherches de Richard. Le nom de Tudor sera le premier cri de ralliement des Gallois. La Rose Rouge se redressera sur sa tige, et l'on entendra partout: — Vive le roi Henri!

— Hélas! Oxford, ce n'est ni mon mari, ni mon ami; il n'est que le fils de ma belle-mère et d'un Chef gallois; un prince froid et astucieux, dit-on. Mais n'importe, que je voie la maison de Lancastre triompher, que je sois vengée de celle d'York, et je mourrai contente!

— Votre bon plaisir est donc que je fasse les offres contenues dans la dernière lettre de Votre Majesté, pour décider le Duc à faire quelque mouvement en notre faveur? S'il apprend la proposition d'une trève entre la France et l'Angleterre, ce sera pour lui un aiguilon plus puissant que tout ce que je pourrais lui offrir.

— N'importe, offrez-lui tout; je le connais jusqu'au fond de l'ame; il n'a d'autre but que d'étendre de tous côtés les domaines de sa maison. C'est pour cela qu'il s'est emparé du pays de Gueldre. C'est pour cela qu'il occupe en ce moment la Lorraine. C'est pour cela qu'il envie à mon père les pauvres restes de la Provence qu'il possède encore. Après une telle augmentation de territoire, il aspire à changer son diadème ducal contre une couronne de monarque indépendant. Dites au Duc que Marguerite peut l'aider dans ses projets. Dites-lui que mon père René désavouera la protestation faite contre l'occupation de la Lorraine par le Duc; qu'il fera plus; que, de mon plein consentement, il reconnaîtra Charles pour héritier de la Provence. Dites-lui que le vieillard lui cèdera ses domaines le jour même où les troupes du Hainaut s'embarqueront pour l'Angleterre, si on lui assure de quoi payer un concert de musiciens et une troupe de danseurs; le roi René n'a pas d'autres besoins sur la terre. Les miens sont encore moins nombreux: vengeance de la maison d'York, et une prompte mort! Vous avez des joyaux à remettre en garantie du misérable or qu'il nous faut: quant aux autres conditions, donnez toutes celles qui seront exigées.

— Indépendamment de votre parole royale, madame,

j'en garantirai l'exécution sur mon honneur comme chevalier; et si l'on en demande davantage, mon fils restera comme otage entre les mains du duc de Bourgogne.

— Oh! non, non, s'écria la reine détrônée, émue peut-être par ce seul genre de sensibilité qu'une longue suite d'infortunes extraordinaires n'eût peut-être pas émoussée, ne hasardez pas la vie de ce noble jeune homme! songez qu'il est le seul reste de la royale maison de Vère. Il aurait été le frère d'armes de mon cher Édouard, qu'il a été si près de suivre dans une tombe sanglante et prématurée; ne lui faites prendre aucune part dans ces fatales intrigues, qui ont causé la ruine de sa famille. Qu'il vienne avec moi, lui, du moins je le mettrai à l'abri de tous dangers tant que j'existerai, et j'aurai soin qu'il ne lui manque rien après ma mort.

— Pardon, madame, répondit Oxford avec la fermeté qui le caractérisait: mon fils est un de Vère, comme vous avez la bonté de vous en souvenir; il peut se faire qu'il soit destiné à être le dernier qui porte ce nom, il est possible qu'il périsse, mais ce ne doit pas être sans honneur. A quelques dangers que son devoir et sa loyauté puissent l'exposer, l'épée ou la lance, la hache ou le gibet, il doit les braver hardiment pour donner des preuves de sa fidélité. Ses ancêtres lui ont tracé le chemin qu'il doit suivre.

— Cela est vrai, dit la malheureuse reine en levant les bras d'un air égaré; il faut que tout périsse; tout ce qui a servi la maison de Lancastre, tout ce qui a aimé Marguerite, tout ce qu'elle a aimé! la destruction doit être universelle. Il faut que le jeune homme tombe avec le vieillard. Pas un agneau du troupeau dispersé ne pourra échapper!

— Pour l'amour du ciel, madame, calmez-vous! s'écria Oxford; j'entends frapper à la porte de la chapelle!

— C'est le signal qui m'annonce qu'il faut nous séparer, dit la reine exilée, d'un air plus tranquille. Ne craignez rien, noble Oxford; il m'arrive rarement d'être agitée comme je viens de l'être, car il est bien rare que je voie des amis dont la voix, dont les traits, puissent troubler le calme de mon désespoir. Laissez-moi vous attacher cette relique autour du cou, jeune homme. Ne craignez pas qu'elle ait une influence fatale, quoique vous la receviez d'une main qui pourrait la rendre de mauvais augure. Elle a appartenu à mon époux; elle a été bénite par bien des prières, sanctifiée par bien des larmes, et mes mains, toute infortunée que je suis, ne peuvent la priver de son saint caractère. Je me proposais de la placer sur le sein d'Édouard dans la matinée terrible de la bataille de Tewkesbury, mais il s'arma de bonne heure, partit sans me voir, et je ne pus exécuter mon projet.

En parlant ainsi, elle passa autour du cou d'Arthur une chaîne d'or à laquelle était suspendu un petit crucifix d'or massif, d'un travail précieux mais barbare. Suivant la tradition, il avait appartenu à Édouard-le-

Confesseur. En ce moment, on frappa une seconde fois à la porte de la chapelle.

— Il ne faut pas tarder davantage, dit Marguerite; séparons-nous. Vous allez partir pour Dijon, et je vais me rendre à Aix pour y habiter avec mes inquiétudes. Adieu ; peut-être nous reverrons-nous dans un temps plus heureux. Cependant comment puis-je l'espérer? J'en disais autant avant le combat de Saint-Albans, avant celui de Towton, avant la bataille encore plus sanglante de Tewkesbury, et qu'en est-il résulté? Mais l'espérance est une plante qu'on ne peut arracher d'un cœur noble qu'avec la vie.

A ces mots, elle sortit de la chapelle, et se perdit dans la foule de personnes de toutes conditions qui faisaient leurs prières, qui satisfaisaient leur curiosité, ou qui passaient quelques instans de loisir dans les ailes de la cathédrale.

Le comte d'Oxford et son fils, sur lesquels l'entrevue singulière qui venait d'avoir lieu avait fait une impression profonde, retournèrent à leur auberge, où ils trouvèrent un poursuivant d'armes, portant les couleurs et la livrée du duc de Bourgogne, qui les informa que s'ils étaient les Anglais qui apportaient des marchandises précieuses à la cour du Duc, il avait ordre de les y escorter, et de les placer sous la protection de son caractère inviolable. Mais il régnait une telle incertitude dans tous les mouvemens du duc de Bourgogne, et ils rencontrèrent des obstacles si nombreux qui retardèrent leur marche, dans un pays où il y avait un passage continuel de troupes, et où des préparatifs de guerre se faisaient avec activité, que ce ne fut que dans la seconde soirée qui suivit leur départ, qu'ils arrivèrent dans la grande plaine voisine de Dijon, où était campée la totalité ou du moins la plus grande partie des forces de ce prince.

CHAPITRE XXV.

« Ainsi parla le Duc. — »
SHAKSPEARE.

Les yeux du père d'Arthur étaient accoutumés au spectacle d'une pompe martiale; ils furent cependant éblouis par l'aspect splendide du camp des Bourguignons, dans lequel, sous les murs de Dijon, Charles, le prince le plus riche de l'Europe, avait déployé tout le luxe de son orgueil, et avait aussi encouragé ceux qui formaient sa suite, à de semblables profusions. Les pavillons de ses moindres officiers étaient de soie et de samit (1), tandis que ceux de la noblesse et des principaux chefs brillaient de drap d'or et d'argent, de magnifiques tapis, et d'autres étoffes précieuses, qui, dans aucune autre occasion, n'auraient été exposées aux injures du temps. Les détachemens de cavalerie et d'infanterie qui montaient la garde, étincelaient de riches armures. Un train d'artillerie, aussi beau que nombreux, était rangé à l'entrée du camp, et Philipson, pour donner au comte le nom de voyage auquel nos lecteurs sont habitués, reconnut dans l'officier qui le commandait Henri Colvin, Anglais de naissance inférieure, mais distingué par son habileté dans l'art de se servir de ces redoutables bouches de bronze, qui depuis peu étaient devenues d'un usage général dans la guerre. Les bannières et les pennons déployés par les chevaliers, les barons, et tous les hommes d'un rang distingué, flottaient devant leur tente, et les habitans de ces demeures guerrières étaient assis devant leur porte à demi armés, regardant les soldats qui s'amusaient à la lutte, au palet et à d'autres exercices militaires.

On voyait attachées au piquet de longues rangées de superbes chevaux, frappant la terre du pied et agitant la tête en hennissant, comme s'ils eussent été fatigués de l'inaction dans laquelle on les tenait, tandis que leur provende était étalée abondamment devant eux. Les soldats se formaient en groupes joyeux autour de mé-

(1) Samit ou samis, étoffe vénitienne de soie et d'argent. — Éd.

nestrels et de jongleurs ambulans, ou étaient à boire sous les tentes des cantiniers ; d'autres se promenaient les bras croisés, jetant les yeux de temps en temps vers le soleil couchant, comme s'ils eussent attendu avec impatience l'heure qui terminerait une journée passée dans l'oisiveté, et par conséquent dans l'ennui.

Enfin, au milieu de l'éclat varié de ce spectacle militaire, nos voyageurs arrivèrent au pavillon du Duc, devant lequel flottait, au gré de la brise du soir, la large et riche bannière où l'on voyait briller les armoiries d'un prince, duc de six provinces, et comte de quinze comtés, qui, d'après sa puissance, son caractère, et le succès dont semblaient suivies toutes ses entreprises, était la terreur de toute l'Europe. Le poursuivant se fit connaître à quelques personnes de la maison du Duc, et les Anglais furent accueillis avec politesse, mais non de manière à attirer l'attention sur eux. On les conduisit ensuite sous une tente voisine, celle d'un officier-général, qui, leur dit-on, était destinée à leur servir de logement ; on y déposa leurs bagages, et on leur servit des rafraîchissemens.

— Comme le camp est rempli de soldats de différentes nations, aux dispositions desquels on ne peut pas tout-à-fait se fier, leur dit le domestique qui les servait, le Duc a ordonné qu'on plaçât une sentinelle à la porte de cette tente pour la sûreté de vos marchandises ; cependant tenez-vous prêts, car vous pouvez compter que vous serez mandés incessamment auprès de Son Altesse.

Effectivement, Philipson ne tarda pas à recevoir l'ordre de se rendre en présence du Duc. On le fit entrer dans le pavillon de ce prince par une porte de derrière, et on l'introduisit dans la partie qui, séparée du reste par des barricades en bois et des rideaux bien fermés, composait l'appartement privé de Charles. La simplicité de l'ameublement et l'appareil négligé du Duc formaient un contraste frappant avec l'extérieur splendide du pavillon; car Charles qui, sur ce point comme sur beaucoup d'autres, était fort loin d'être toujours d'accord avec lui-même, affichait, pendant la guerre, une sorte d'austérité, ou plutôt de grossièreté dans son costume et quelquefois même dans ses manières, qui ressemblait à la rudesse d'un lansquenet allemand, plutôt qu'à la dignité d'un prince d'un rang si élevé, tandis qu'en même temps il encourageait et enjoignait même une splendeur coûteuse parmi ses vassaux et ses courtisans; comme si porter des vêtemens grossiers, mépriser toute contrainte, se dispenser des cérémonies les plus ordinaires, eût été un privilège qui n'appartenait qu'au souverain. Cependant, quand il lui plaisait de donner un air de majesté à sa personne et à ses manières, personne ne savait mieux que Charles duc de Bourgogne comment il devait se costumer et agir.

On voyait sur sa toilette des brosses et des peignes qui auraient pu réclamer leur réforme attendu leurs longs services, des chapeaux et des justaucorps usés, des baudriers de cuir, des laisses de chiens, et d'autres objets de même nature, parmi lesquels étaient jetés comme au hasard le gros diamant nommé Sanci, les trois rubis nommés les Trois-Frères d'Anvers, un autre beau diamant nommé la Lampe de Flandre, et divers joyaux presque aussi précieux et aussi rares. Ce mélange extraordinaire avait quelque ressemblance avec le caractère du Duc, qui joignait la cruauté à la justice, la magnanimité à la bassesse, l'économie à la prodigalité, et la libéralité à l'avarice; en un mot, Charles n'était d'accord en rien avec lui-même, si ce n'est dans son opiniâtreté à suivre le plan qu'il avait une fois adopté, quelle que fût la situation des choses, et quelques risques qu'il eût à courir.

Au milieu des bijoux inestimables et des autres objets sans valeur étalés sur sa toilette et dans sa garde-robe, le duc de Bourgogne s'écria, en voyant entrer le voyageur anglais: — Soyez le bien-venu, *Herr* Philipson; soyez le bien-venu, vous qui êtes d'une nation où les commerçans sont des princes, et les marchands des grands de la terre. Quelles nouvelles marchandises apportez-vous pour nous amorcer? Par saint George! vous autres marchands, vous êtes une génération rusée.

— Sur ma foi, Monseigneur, je ne vous apporte pas de nouvelles marchandises; je n'ai que celles que j'ai déjà montrées à Votre Altesse la dernière fois que j'ai eu l'honneur de vous voir, et je viens vous les mettre encore sous les yeux, avec l'espoir d'un pauvre marchand qu'elles pourront vous être plus agréables que la première fois.

— Fort bien, sir..... Philipville, je crois qu'on vous nomme. — Vous êtes un marchand bien simple, ou vous me prenez pour une pratique bien sotte, si vous croyez pouvoir me tenter par la vue de marchandises que j'ai déjà rebutées. Le changement, la nouveauté, voilà la devise du commerce. Vos marchandises de Lancastre ont eu leur temps; j'en ai acheté comme un autre, et je les ai probablement payées assez cher; mais aujourd'hui ce sont celles d'York qui sont à la mode.

— Cela peut être pour le vulgaire, Monseigneur; mais pour des ames comme la vôtre, la bonne foi, l'honneur et la loyauté sont des joyaux qu'aucun changement d'idées ou de goût ne peut mettre hors de mode.

— Sur ma foi, noble Oxford, il est possible que je conserve en secret quelque vénération pour ces vertus du vieux temps; autrement pourquoi aurais-je tant d'estime pour vous qui les avez toujours possédées à un degré si éminent? Mais je suis dans une situation cruelle et urgente; si je faisais un faux pas dans ce moment de crise, je pourrais manquer le but vers lequel a tendu toute ma vie. Faites bien attention, sire marchand; vous connaissez votre ancien compétiteur Blackburn, autrement appelé Édouard d'York ou de Londres; il vient d'arriver avec une cargaison d'arcs et de lances, telle qu'il n'en est jamais entré dans les ports de France depuis le temps du roi Arthur, et il m'offre une part dans son commerce. Pour parler clairement, il me propose de faire cause commune avec la Bourgogne, pour enfumer dans ses terriers le vieux renard Louis, l'en faire sortir, et clouer sa peau à la porte de ses écuries. En un mot, le roi d'Angleterre m'invite à une alliance avec lui contre le plus astucieux et le plus invétéré de mes ennemis, à briser la chaîne du vasselage, et à m'élever au rang des princes indépendans. Comment croyez-vous, noble comte, que je puisse résister à cette tentation séduisante?

— Il faut adresser cette question, Monseigneur, à quelqu'un de vos conseillers bourguignons; elle comprend la ruine de ma cause, et mon opinion ne pourrait être impartiale.

— Mais je vous demande, comme à un homme d'honneur, quelle objection vous trouvez à ce que j'accepte la proposition qui m'est faite; je désire savoir quelle est votre opinion, et dites-la-moi franchement.

— Monseigneur, je sais qu'il est dans le caractère de Votre Altesse de ne concevoir aucun doute sur la facilité d'exécuter une résolution que vous avez une fois prise; mais, quoique cette disposition d'esprit puisse être digne d'un prince, et même préparer quelquefois le succès de ses entreprises, il est aussi des circonstances dans lesquelles, si nous persistons dans nos résolutions uniquement parce que nous les avons prises, cette fermeté d'ame, au lieu de nous conduire au succès, peut nous entraîner à notre ruine. Regardez donc cette armée anglaise; l'hiver s'approche, où trouvera-t-elle des logemens? Comment sera-t-elle approvisionnée? Qui la paiera? Votre Altesse est-elle disposée à se charger de tous les frais nécessaires pour la mettre en état d'entrer en campagne l'été prochain? car, soyez-en bien convaincu, jamais une armée anglaise n'a été ni ne sera propre au service militaire, avant d'avoir passé hors de notre île un temps suffisant pour s'habituer aux devoirs qu'il impose. On ne trouverait pas dans le monde entier des hommes plus propres à faire d'excellens soldats; mais ils ne le sont pas encore, et il faudra que Votre Altesse fasse les frais de leur apprentissage.

— Soit! Je crois que les Pays-Bas pourront fournir de la nourriture à vos mangeurs de bœuf pendant quelques semaines, des villages pour les loger, des officiers pour endurcir leurs membres vigoureux à la discipline militaire, et des grands prévôts pour y soumettre leur esprit réfractaire.

— Et qu'arrivera-t-il ensuite? Vous marchez à Paris, vous ajoutez un second royaume à celui qu'Édouard a usurpé; vous lui rendez toutes les possessions que l'Angleterre a jamais eues en France, la Normandie, le Maine, l'Anjou, la Gascogne; vous lui assurez même le reste de ce royaume. Eh bien! pouvez-vous avoir pleine confiance en cet Édouard, quand vous aurez ainsi augmenté sa force, et que vous l'aurez rendu bien plus redoutable que ce Louis, que vos armes réunies auront renversé du trône?

— Par saint George! je ne dissimulerai pas avec vous: c'est précisément sur ce point que j'ai des doutes qui me tourmentent. Édouard est mon beau-frère; mais je ne suis pas homme à placer ma tête sous le cotillon de ma femme.

— Et l'expérience a démontré bien souvent que les alliances de famille ont bien peu d'efficacité pour prévenir les violations de foi les plus grossières.

— Vous avez raison, comte. Clarence a trahi son beau-père ; Louis a empoisonné son frère. Les affections privées ! ah ! elles peuvent parler au cœur d'un particulier assis au coin de son feu, mais on ne les trouve ni sur le champ de bataille, ni à la cour des princes. Non, mon alliance par mariage avec Édouard ne me serait pas de grand secours en cas de besoin. Y compter, ce serait monter un cheval indompté sans autre bride que la jarretière d'une femme. Mais qu'en résulte-t-il ? Édouard fait la guerre à Louis ; peu m'importe qui sera victorieux, je ne puis qu'y gagner, car ils s'affaibliront, et leur faiblesse fait ma force. Les Anglais abattront les Français avec leurs longues flèches ; ceux-ci affaibliront, détruiront, anéantiront l'armée anglaise à force d'escarmouches. Au printemps, je me mets en campagne avec des forces supérieures à leurs deux armées ; et alors, saint George et la Bourgogne !

— Et si, en attendant, Votre Altesse daigne aider le moins du monde la cause la plus honorable pour laquelle un chevalier ait jamais levé la lance ; une modique somme d'argent et un petit corps de lanciers du Hainaut, qui pourront gagner à ce service gloire et richesses, peuvent remettre l'héritier dépouillé de la maison de Lancastre en possession des domaines auxquels sa naissance lui donne un droit légitime.

— Sur ma foi, sire comte, vous en venez à votre point

de but en blanc; mais nous avons vu, en partie de nos propres yeux, tant de retours de fortune entre les maisons d'York et de Lancastre, que nous ne savons trop à laquelle des deux le ciel a donné le bon droit, et l'inclination du peuple accordé le pouvoir effectif. Tant d'extraordinaires révolutions de fortune qui ont eu lieu en Angleterre nous ont réellement causé de véritables vertiges.

— C'est une preuve, Monseigneur, que ces changemens ne sont pas encore à leur fin, et que votre généreux secours peut assurer l'avantage et le succès de la bonne cause.

— Quoi! que je prête à ma cousine, Marguerite d'Anjou, l'aide de mon bras pour détrôner mon beau-frère? Ce n'est peut-être pas qu'il mérite de moi de grands égards, puisque lui et ses nobles insolens m'ont assailli de remontrances, et même de menaces, pour que je laisse de côté mes importantes affaires personnelles, et que je me joigne à Édouard dans son expédition de chevalier errant contre Louis. Je marcherai contre Louis quand je le jugerai convenable, et pas plus tôt. Par saint George! ni roi insulaire, ni noble insulaire ne dicteront des ordres à Charles de Bourgogne. Vous avez une bonne provision d'amour-propre, vous autres Anglais des deux partis, qui vous imaginez que les affaires de votre île de fous sont aussi intéressantes pour le monde entier que pour vous-mêmes. Mais ni York, ni Lancastre, ni le frère Blackburn, ni la cousine Marguerite, même appuyée sur John de Vère, ne réussiront à m'en faire accroire.

Le fauconnier qui rappelle son oiseau ne doit pas avoir les mains vides.

Oxford, connaissant parfaitement le caractère du Duc, le laissa donner un libre cours à l'humeur que lui causait l'idée que quelqu'un prétendît lui dicter ce qu'il avait à faire; et quand ce prince garda enfin le silence il lui répondit d'un ton calme :

— Est-il bien vrai que j'entende le noble duc de Bourgogne, le miroir de la chevalerie d'Europe, dire qu'on ne lui a donné aucune bonne raison pour le décider à une entreprise qui a pour objet de rendre justice à une malheureuse reine, et de relever de la poussière une maison royale? N'offre-t-elle pas une moisson immortelle de los et d'honneur? La trompette de la renommée ne proclamera-t-elle pas le nom du souverain qui, seul, dans un siècle dégénéré, a réuni les devoirs d'un prince et ceux d'un chevalier généreux?

Le duc l'interrompit en lui donnant un coup sur l'épaule : — Et n'oubliez pas les cinq cents ménestrels du roi René, râclant de leurs instrumens en chantant mes louanges, et le roi René lui-même les écoutant et s'écriant : Bien combattu, Duc! bien joué, ménestrels! Je te dis, John Oxford, que lorsque toi et moi nous portions une armure encore vierge, des mots comme ceux-ci, renommée, los, honneur, gloire chevaleresque, amour des dames, étaient d'excellentes devises à graver sur nos écus blancs comme la neige, et un assez bon argument pour rompre quelques lances. Oui, et dans une joute, quoique je commence à devenir un peu vieux pour de pareilles folies, je paierais encore de ma personne dans de semblables querelles, comme doit le faire un chevalier. Mais quand il s'agit de débourser des sommes considérables, et de mettre en mer de fortes escadres, il faut que nous ayons à alléguer à nos sujets quelque excuse plus palpable pour les plonger dans une guerre; que nous puissions leur montrer un objet tendant au bien public, ou, par saint George! à notre avantage privé, ce qui est la même chose. C'est ainsi que va le monde, Oxford; et, pour te dire la pure vérité, j'ai dessein de suivre la même marche.

— A Dieu ne plaise que j'engage Votre Altesse à agir autrement que dans la vue du bien de ses sujets, c'est-à-dire, comme Votre Altesse l'a exprimé heureusement, dans la vue de l'agrandissement de votre pouvoir et de vos domaines. L'argent que nous demandons n'est pas en pur don, c'est par forme de prêt. Marguerite est disposée à laisser en dépôt ses joyaux, dont je crois que Votre Altesse connaît la valeur, jusqu'à ce qu'elle puisse rendre la somme que votre amitié peut lui avancer dans ses besoins.

— Ah! ah! notre cousine veut donc faire de nous un prêteur sur gages: elle veut que nous agissions envers elle comme un usurier, comme un juif? Cependant, Oxford, de bonne foi, il est possible que ces diamans nous soient nécessaires, car si je me déterminais à entrer dans vos vues, il pourrait se faire que je fusse moi-même obligé d'emprunter pour fournir aux besoins de ma cousine. Je me suis adressé aux États du Duché, qui sont assemblés en ce moment, et j'en attends, comme cela est juste, un octroi considérable. Mais il s'y trouve des têtes remuantes et des mains serrées, et je puis rencontrer de la lésinerie. Ainsi, en attendant, laissez ces joyaux sur cette table. Eh bien! supposons que je n'aie rien à perdre du côté de la bourse, par cet acte de chevalerie errante que vous me proposez; cependant les princes ne font pas la guerre sans avoir en vue quelque avantage.

— Écoutez-moi, noble souverain. Votre but est naturellement de réunir les vastes domaines de votre père à ceux que vos armes y ont ajoutés, pour en former un duché compact.....

— Dites un royaume, Oxford; ce mot sonne mieux.

— Un royaume, dis-je, dont la couronne brillera avec autant de grace et de majesté sur le front de Votre Altesse que sur celui de Louis, roi de France, aujourd'hui votre suzerain.

— Il ne faut pas toute votre pénétration pour deviner que tel est mon dessein; sans cela, pourquoi suis-je ici, le casque en tête et l'épée au côté? Pourquoi mes troupes s'emparent-elles des forteresses de la Lorraine, et chassent-elles devant elles ce mendiant de Vaudemont (1), qui a l'insolence de la réclamer comme son héritage? Oui, mon ami, l'agrandissement de la Bourgogne est une

(1) Le roi René avait marié sa fille Yolande à Ferri II, comte de Vaudemont. De ce mariage naquit René II, duc de Lorraine. C'est de René II que veut parler le duc de Bourgogne, en le désignant par le nom de son père. — Éd.

cause pour laquelle le duc de cette belle province est tenu de combattre tant qu'il peut mettre le pied à l'étrier.

—Mais ne croyez-vous pas, puisque Votre Altesse me permet de lui parler librement et d'après les privilèges d'une ancienne connaissance, ne croyez-vous pas que, sur cette carte de vos domaines, déjà si bien arrondis, il se trouve du côté des frontières du midi quelque chose qui pourrait être plus avantageusement arrangé pour un roi de Bourgogne?

—Je ne puis deviner où vous voulez en venir, répondit le Duc en jetant un regard sur une carte de son duché et de ses autres possessions, vers laquelle un geste du comte d'Oxford avait dirigé son attention, et en fixant ensuite sur lui ses grands yeux perçans.

—Je veux dire que pour un prince aussi puissant que Votre Altesse, il n'existe aucune frontière aussi sûre que la mer. Voici la Provence, qui est placée entre vous et la Méditerranée; la Provence avec ses ports superbes, ses champs fertiles, ses beaux vignobles. Ne serait-il pas à propos de la comprendre dans la carte de votre souveraineté, de manière que vous puissiez toucher d'une main les bords de la Méditerranée, et de l'autre ceux de l'Océan du nord sur les côtes de la Flandre?

—La Provence, dites-vous? répliqua le Duc avec vivacité. Quoi! je ne rêve que de la Provence. Je ne puis sentir l'odeur d'une orange sans qu'elle me rappelle les bois et les bosquets parfumés de cette province, ses citrons, ses olives, ses grenades. Mais comment y élever des prétentions? Ce serait une honte de troubler les derniers instans du bon vieux René, et cela ne conviendrait pas à un proche parent. Ensuite, il est oncle de Louis, et il est probable qu'à défaut de sa fille Marguerite, et peut-être même de préférence à elle, il a déjà nommé le roi de France son héritier.

— Il est possible d'y opposer de meilleures prétentions en votre personne, Monseigneur, si vous consentez à accorder à Marguerite d'Anjou les secours qu'elle sollicite par ma voix.

— Prends tout ce que tu demandes, s'écria Charles en respirant avec force et en changeant de couleur; prends-en le double en hommes et en argent! Fournis-moi seulement une prétention sur la Provence, fût-elle aussi faible qu'un des cheveux de ta reine Marguerite, et laisse-moi le soin d'en faire un câble! Mais je suis fou d'écouter les rêves d'un homme qui, ruiné lui-même, n'a rien à perdre en présentant aux autres les espérances les plus extravagantes.

— Je ne suis point homme à agir ainsi, Monseigneur. Écoutez-moi, je vous prie. René est accablé sous le poids des années; il aime le repos, il est trop pauvre pour soutenir son rang avec la dignité convenable, trop bon ou trop faible pour établir de nouveaux impôts sur ses sujets; il est las de lutter contre la mauvaise fortune, et il désire abdiquer sa souveraineté.

— Sa souveraineté!

— Oui, la souveraineté des domaines qu'il possède de fait, et des domaines bien plus étendus auxquels il a des droits, mais qui ne sont plus en sa puissance.

— Vous me coupez la respiration, comte! René abdique la souveraineté de la Provence! Et que dit à cela Marguerite, la fière, l'ambitieuse Marguerite? Consentira-t-elle à une démarche si humiliante?

— Pour avoir seulement une chance de voir la maison de Lancastre triompher en Angleterre, elle renoncerait non-seulement à tous ces domaines, mais à la vie même. Et dans le fait, ce sacrifice est moindre qu'il ne le paraît. Il est certain qu'à la mort du vieux roi René, le roi de France réclamera le comté de Provence, comme étant un fief dans la ligne masculine, et il n'existe personne capable de faire valoir le droit de Marguerite à cet héritage, quelque juste qu'il puisse être.

— Il est juste et inattaquable, s'écria Charles, et je ne souffrirai pas qu'on y porte atteinte, ou qu'on le mette même en question, c'est-à-dire quand il sera établi en ma personne. Le vrai principe de la guerre, du bien public, est de ne pas souffrir qu'aucun des grands fiefs se réunisse à la couronne de France, et surtout tant qu'elle sera placée sur le front d'un monarque aussi fourbe, aussi dépourvu de principes que Louis. La Provence jointe à la Bourgogne! Un domaine qui s'étendra depuis l'Océan Germanique jusqu'à la Méditerranée! Oxford, tu es mon bon ange!

— Votre Altesse doit pourtant réfléchir qu'il faut assurer une existence honorable au roi René.

— Certainement, très-certainement; il aura des ménestrels et des jongleurs par douzaines, pour jouer, chanter et beugler devant lui du matin au soir. Il aura une cour de troubadours qui ne seront occupés qu'à boire, à faire des vers, et à prononcer des arrêts d'amour, dont on appellera à René même, et qu'il confirmera ou cassera, comme suprême roi d'amour. Et Marguerite aussi sera traitée de la manière la plus honorable, et comme vous l'indiquerez vous-même.

— Ce point sera facile à régler, Monseigneur. Si nos efforts réussissent en Angleterre, Marguerite n'aura pas besoin des secours de la Bourgogne. Si nous échouons, elle se retire dans un cloître, où probablement elle ne jouira pas bien long-temps du traitement honorable que la générosité de Votre Altesse est sans doute disposée à lui accorder.

— Sans contredit, et ce traitement sera digne d'elle et de moi. Mais, par Notre-Dame! John de Vère, l'abbesse du couvent où se retirera Marguerite aura affaire à une pénitente indomptable. Je la connais bien, sire Comte, et je ne prolongerai pas inutilement cet entretien en exprimant des doutes qu'elle ne puisse forcer son père à abdiquer ses domaines en faveur de quiconque elle voudra lui indiquer. Elle ressemble à ma braque Gorgone, qui, n'importe avec quel chien elle soit en laisse, l'oblige à marcher du côté qu'elle le veut, ou l'étrangle s'il résiste. C'est ainsi que Marguerite a agi avec son mari simple et débonnaire; et je sais que son père, fou d'une autre espèce, doit nécessairement se montrer aussi maniable. Si nous avions été attelés ensemble, je crois qu'elle aurait trouvé son maître; mais le cou me fait mal quand je songe combien j'aurais eu à tirer pour la faire marcher à mon gré. Vous avez l'air grave, parce que je plaisante sur le caractère opiniâtre de ma malheureuse cousine.

— Monseigneur, quels que puissent être ou avoir été les défauts de la reine ma maîtresse, elle est dans le malheur et presque dans le désespoir, elle est ma souveraine, et la cousine de Votre Altesse.

— Il suffit, sire Comte; parlons sérieusement. Quoique nous puissions croire à l'abdication du roi René, je pense qu'il sera difficile d'engager le roi Louis à envisager cette affaire sous un point de vue aussi favorable que nous le faisons. Il soutiendra que le comté de Provence est un fief passant de mâle en mâle, et que ni l'abdication de René, ni le consentement de sa fille, ne peuvent l'empêcher de retourner à la couronne de France, puisque le roi de Sicile, comme on appelle René, n'a pas d'enfans dans la ligne masculine.

— En ce cas, s'il plaît à Votre Altesse, ce sera une question à décider sur le champ de bataille, et vous avez plus d'une fois bravé Louis avec succès pour des objets beaucoup moins importans. Tout ce que je puis vous dire, c'est que, si les secours de Votre Altesse mettent le jeune comte de Richemond en état de réussir dans son entreprise, vous aurez l'aide de trois mille archers anglais, quand le vieux John d'Oxford, faute d'un meilleur chef, devrait vous les amener lui-même.

— C'est un aide qui ne serait pas à dédaigner, et qui acquerrait un nouveau prix par la présence de celui qui me promet de me l'amener. Votre secours, noble Oxford, me serait précieux, quand vous n'arriveriez qu'avec une épée à votre côté et un seul page à votre suite. Je vous connais bien, je connais votre tête et votre cœur. Mais revenons à notre affaire. Les exilés, même les plus sages, ont un privilège pour faire des promesses; mais quelquefois, vous m'excuserez, noble Oxford, ils se trompent eux-mêmes aussi-bien que les autres. Quelle espérance avez-vous de réussir, quand vous me pressez de m'embarquer sur un océan aussi orageux que celui de vos dissensions civiles?

Le comte d'Oxford tira de sa poche le plan qu'il avait tracé de son expédition, l'expliqua au Duc, et ajouta qu'il devait être secondé par une insurrection des partisans de la maison de Lancastre. Nous nous bornerons à dire que ce projet était d'une audace qui allait jusqu'à la témérité; mais il était si bien conçu, il y régnait un tel ensemble, que, sous un chef comme Oxford, dont on connaissait les talens militaires et la sagacité politique, il présentait une apparence de succès probable.

Tandis que le duc Charles examinait les détails d'une entreprise qui avait d'autant plus d'attraits pour lui qu'elle était parfaitement d'accord avec son propre caractère; pendant qu'il s'appesantissait sur les affronts qu'il avait reçus de son beau-frère, Édouard IV; qu'il songeait à l'occasion qui se présentait d'en tirer une vengeance signalée, et qu'il réfléchissait sur la riche acquisition qu'il espérait faire en Provence par suite de l'abdication que feraient en sa faveur le roi René et sa fille, le noble Anglais ne manqua pas d'insister sur la nécessité urgente de ne pas perdre un seul instant.

— L'accomplissement de ce projet, dit-il, exige la plus grande promptitude. Pour avoir une chance de succès, il faut que je sois en Angleterre avec vos forces auxiliaires, avant que Édouard d'York y revienne de France avec son armée.

— Puisqu'il est venu ici, répondit le Duc, notre digne frère ne sera pas très-pressé de s'en retourner : il trouvera des Françaises aux yeux noirs, du vin de France couleur de rubis ; et notre frère Blackburn n'est pas un homme à quitter de si bonnes choses avec précipitation.

— Monseigneur, je parlerai de mon ennemi avec vérité. Édouard est indolent et voluptueux quand tout est calme autour de lui ; mais qu'il sente l'aiguillon de la nécessité, et il reprend toute l'ardeur d'un coursier bien nourri. D'une autre part, Louis, qui manque rarement de trouver des moyens pour arriver à son but, est décidé à mettre tout en œuvre pour le déterminer à repasser la mer ; ainsi donc, la célérité, noble prince, la célérité est l'ame de votre entreprise.

— La célérité! répéta le duc de Bourgogne. Quoi! J'irai avec vous ; je verrai moi-même l'embarquement ; et vous aurez des soldats braves et éprouvés, tels qu'on n'en trouve nulle part, si ce n'est en Artois et dans le Hainaut!

— Pardonnez encore, noble Duc, l'impatience d'un malheureux qui se noie et qui implore du secours.

Quand partirons-nous pour les côtes de Flandre, afin d'exécuter cette mesure importante?

— Mais.... dans une quinzaine de jours, peut-être dans une semaine; en un mot, dès que j'aurai convenablement châtié une bande de voleurs et de brigands, qui, comme l'écume qui monte toujours au haut du chaudron, se sont établis sur les hauteurs des Alpes, et de là infestent nos frontières par un trafic de contrebande, par le vol et par des brigandages de toute espèce.

— Votre Altesse veut parler des confédérés suisses?

— Oui, tel est le nom que se donnent ces manans. C'est une sorte de serfs affranchis de l'Autriche; et, de même qu'un chien de basse-cour qui a rompu sa chaîne, ils profitent de leur liberté pour attaquer et déchirer tout ce qui se trouve sur leur chemin.

— J'ai traversé leur pays en revenant d'Italie, et j'y ai appris que l'intention des Cantons était d'envoyer des députés à Votre Altesse pour solliciter la paix.

— La paix! leurs ambassadeurs se sont conduits d'une manière étrangement pacifique. Profitant d'une mutinerie des bourgeois de la Férette, première ville de garnison où ils sont entrés, ils ont pris la place d'assaut, se sont emparés d'Archibald Von Hagenbach, et l'ont mis à mort sur la place du marché. Une telle insulte doit être punie, noble John de Vère, et si vous ne me voyez pas en proie à la fureur qu'elle doit exciter, c'est parce que j'ai déjà donné ordre de conduire au gibet ces misérables qui prennent le titre d'ambassadeurs.

— Pour l'amour du ciel, noble Duc, s'écria Oxford en se jetant aux pieds de Charles, par égard pour votre gloire et pour la paix de la chrétienté, révoquez cet ordre, si vous l'avez véritablement donné!

— Que signifient de telles instances? Quel intérêt prenez-vous à la vie de pareils êtres? Ce ne peut être qu'à cause du délai de quelques jours que cette guerre peut occasioner à votre expédition.

— Elle peut, elle doit la faire échouer. Écoutez-moi, Monseigneur: j'ai accompagné ces envoyés pendant une partie de leur voyage.

— Vous! vous! avoir accompagné de misérables paysans suisses! le malheur a cruellement abaissé la fierté des nobles anglais, puisqu'ils choisissent de tels compagnons.

— Le hasard m'a jeté parmi eux. Quelques-uns d'entre eux sont de sang noble, et je connais si bien leurs intentions pacifiques, que j'ose me rendre leur garant.

— Sur ma foi, milord, vous leur faites beaucoup d'honneur, ainsi qu'à moi, en vous établissant médiateur entre les Suisses et nous. Permettez-moi de vous dire que c'est un acte de condescendance, quand, en considération d'une ancienne amitié, je vous permets de me parler de vos affaires d'Angleterre; il me semble que vous pourriez vous dispenser de me donner votre opinion sur des sujets qui n'ont aucun rapport direct à vos intérêts.

— Duc de Bourgogne, répondit Oxford, j'ai suivi votre bannière à Paris, et j'ai eu la bonne fortune de vous secourir à la bataille de Montlhéri, quand vous étiez entouré par des hommes d'armes français....

— Nous ne l'avons pas oublié, et la preuve que nous nous souvenons de ce service, c'est que nous souffrons que vous restiez si long-temps devant nous à plaider la cause de ces misérables, que nous sommes invité à dérober à l'échafaud qui les réclame, parce qu'ils ont été les compagnons de voyage du comte d'Oxford.

— Non, Monseigneur; si je demande leur vie, c'est parce qu'ils sont chargés d'une mission pacifique, et que leurs chefs du moins n'ont pris aucune part au crime dont vous vous plaignez.

Le Duc se promena dans l'appartement, d'un pas inégal, ayant l'air fort agité, fronçant ses gros sourcils de manière à cacher presque ses yeux, fermant les poings et grinçant les dents. Enfin il parut avoir pris son parti, et il agita fortement une sonnette d'argent qui était sur sa table.

— Contay, dit-il au gentilhomme de sa chambre qui se présenta sur-le-champ, ces coquins de montagnards sont-ils exécutés?

— Non, Monseigneur; mais l'exécuteur attend seulement que le prêtre les ait confessés!

— Qu'ils vivent. Nous entendrons demain ce qu'ils ont à dire pour justifier leur conduite envers nous.

Contay salua, et se retira.

Le duc de Bourgogne, le front calme et l'air tranquille, se tourna vers l'Anglais, et lui dit d'un ton qui offrait un mélange inexprimable de hauteur, de familiarité, et même de bonté: — Nous sommes maintenant déchargé de toute obligation, milord: vous avez obtenu vie pour vie; et pour compenser quelque différence qui pourrait se trouver entre les marchandises échangées, vous en avez obtenu six pour une. Je ne ferai donc plus aucune attention à ce que vous pourrez me dire si vous me parlez encore de ma chute de cheval à Montlhéri, et de vos exploits en cette occasion. Bien des princes se contentent de haïr secrètement ceux qui leur ont rendu de pareils services: autre est mon caractère; je déteste seulement qu'on me rappelle que j'en ai eu besoin. Sur ma foi, j'étouffe presque par l'effort que j'ai dû faire pour renoncer à une résolution arrêtée. — Holà, quelqu'un! qu'on m'apporte à boire!

Un huissier entra, apportant un flacon d'argent qui contenait, au lieu de vin, une tisane d'herbes aromatiques.

— Mon tempérament est si ardent et si impétueux, dit le Duc, que les médecins me défendent de boire du vin. Mais vous n'êtes pas astreint à un pareil régime, Oxford. Retournez sous la tente de votre compatriote Colvin, notre général d'artillerie. Nous vous confions à ses soins et à son hospitalité jusqu'à demain. Ce sera un jour d'affaires, car je m'attends à recevoir la réponse de ces oisons de l'assemblée des États de Dijon, et j'aurai aussi à entendre, grace à l'intervention de Votre Seigneurie, ces misérables envoyés suisses, comme ils s'appellent. Soit! n'y pensons plus. Au revoir. Vous pouvez parler librement à Colvin, qui est, comme vous, un ancien partisan de la maison de Lancastre. Mais attention! pas un mot sur la Provence; pas même en rêve. Contay! conduisez cet Anglais à la tente de Colvin; il connaît mon bon plaisir à cet égard.

— Monseigneur, dit Contay, j'y ai déjà laissé le fils de monsieur.

— Quoi! votre fils, Oxford? il est ici avec vous? Pourquoi ne m'en avez-vous rien dit? Est-ce un digne rejeton du vieux tronc?

— Je suis fier de pouvoir le croire, Monseigneur; il a été le fidèle compagnon de tous mes voyages et de tous mes dangers.

— Heureux mortel! dit le Duc en soupirant, vous avez un fils pour partager votre pauvreté et votre détresse, Oxford; je n'en ai point pour partager ma grandeur et me succéder.

— Vous avez une fille, Monseigneur, et l'on doit espérer qu'elle épousera un jour quelque prince puissant qui sera le soutien de la maison de Votre Altesse.

— Jamais! par saint George! jamais! s'écria le Duc d'un ton bref et décidé. Je ne veux pas un gendre qui puisse faire du lit de la fille un marche-pied pour atteindre à la couronne du père. Oxford, je vous ai parlé plus librement que je n'y suis accoutumé, que je ne le devrais peut-être; mais il existe quelques personnes que je crois dignes de confiance, et je vous regarde comme étant de ce nombre, John de Vère.

Le comte anglais salua, et il se retirait, quand le Duc le rappela.

— Encore un mot, Oxford. La cession de la Provence n'est pas tout-à-fait assez. Il faut que le roi René et Marguerite désavouent cet écervelé de René (1) de Vaudemont, qui prétend avoir des droits sur la Lorraine du chef de sa mère Yolande, et qui m'y oppose une sotte résistance.

— Monseigneur, René est petit-fils du roi René, neveu de la reine Marguerite; cependant.....

— Cependant il faut que les droits qu'il prétend avoir sur la Lorraine soient positivement désavoués. Vous me parlez d'affection de famille, tandis que vous me pressez de faire la guerre à mon beau-frère!

— La meilleure excuse que puisse avoir René pour abandonner son petit-fils, c'est l'impossibilité absolue où il se trouve de l'aider et de le soutenir. Je lui ferai part de la condition que nous impose Votre Altesse, quelque dure qu'elle soit.

Et à ces mots, le comte d'Oxford sortit du pavillon.

(1) Sir Walter Scott, dans les premières éditions, appelait René Ferrand ou Ferry, du nom de son père. — Éd.

CHAPITRE XXVI.

« Je remercie humblement Votre Altesse,
« Et j'ai bien du plaisir, en cette occasion,
« A la voir séparer ma farine du son. »

SHAKSPEARE.

La tente assignée pour le logement du comte d'Oxford était celle de Colvin, l'officier anglais à qui le duc de Bourgogne avait confié le soin de son artillerie, en lui accordant de riches appointemens. Il reçut son hôte avec tout le respect dû à son rang, et conformément aux ordres spéciaux que le Duc lui avait donnés. Il avait lui-même combattu pour la maison de Lancastre, et par conséquent il était favorablement disposé à l'égard du petit nombre d'hommes de distinction qu'il avait connus personnellement, et qui avaient été constamment fidèles à cette famille pendant la longue suite d'infortunes qui semblaient l'avoir à jamais accablée. Il avait déjà offert des rafraîchissemens à Arthur, et il fit alors servir au comte un repas pendant lequel il n'oublia pas de lui recommander, par son exemple autant que par ses conseils, le bon vin de Bourgogne, dont le souverain de cette province était obligé de s'abstenir lui-même.

— Le Duc montre en cela qu'il a de l'empire sur lui-même, dit Colvin; car, pour dire la vérité entre amis, son caractère est trop fougueux pour supporter la fermentation qu'occasione dans le sang ce breuvage cordial; aussi est-il assez sage pour se borner à des boissons propres à calmer le feu naturel de son tempérament, au lieu de l'enflammer encore davantage.

— C'est ce dont je puis m'apercevoir, répondit le comte; quand j'ai commencé à connaître le noble Duc, qui était alors comte de Charolais, son caractère, quoique toujours suffisamment impétueux, était l'image d'un calme parfait, auprès de la violence à laquelle il s'emporte maintenant à la moindre contradiction. Tel est le résultat d'une suite non interrompue de prospérités. Il s'est élevé par son propre courage, et, graces à d'heureuses circonstances, du rang précaire de prince feudataire et tributaire au rang des plus puissans souverains de l'Europe, et il a pris un caractère de majesté indépendant. Mais je me flatte que ces nobles traits de générosité, qui compensaient les actes d'une volonté arbitraire et fantasque, ne sont pas devenus plus rares qu'ils ne l'étaient autrefois.

— Je puis lui rendre justice à cet égard, dit le soldat de fortune, qui attacha au mot de générosité le sens moins étendu de libéralité; le Duc est un maître noble, et dont la main est toujours prête à s'ouvrir.

— Je désire qu'il accorde ses bontés à des hommes aussi fermes et aussi fidèles dans leur service que vous l'avez toujours été, Colvin. Mais je remarque un changement dans votre armée. Je connais les bannières de la plupart des anciennes maisons de Bourgogne; comment se fait-il que j'en voie si peu dans le camp du Duc? je vois, comme autrefois, des drapeaux, des étendards, des pennons; mais quoique je connaisse depuis tant d'années la noblesse de France et de Flandre, leurs armoiries me sont inconnues.

— Noble comte d'Oxford, il convient mal à un homme qui est à la solde du Duc de critiquer sa conduite; mais il est vrai de dire que, depuis quelque temps, le Duc, à ce qu'il me semble, accorde trop de confiance aux soldats de l'étranger. Il aime mieux prendre à sa solde des troupes nombreuses d'Allemands et d'Italiens, que de réunir autour de sa bannière les chevaliers et les écuyers qui lui sont attachés par les liens de l'allégeance féodale. Il n'a recours à ses sujets que pour en tirer les sommes dont il a besoin pour solder ces mercenaires. Les Allemands sont des drôles assez honnêtes quand ils sont payés régulièrement; mais que le ciel me préserve des bandes italiennes du Duc, et de ce Campo-Basso, le chef, qui n'attend qu'un prix capable de le tenter pour vendre Son Altesse, comme un mouton destiné à la tuerie.

— Pensez-vous si mal de lui ?

— J'en pense si mal, que je crois qu'il n'existe aucune sorte de trahison que l'esprit puisse imaginer et que le bras puisse exécuter, pour laquelle son ame et sa main ne soient prêtes. Il est pénible, milord, pour un Anglais, pour un homme d'honneur comme moi, de servir dans une armée où de pareils traîtres ont un commandement. Mais que puis-je faire, à moins que je ne trouve de nouveau l'occasion de porter les armes dans mon pays natal? j'espère encore qu'il plaira à la merci du ciel de rallumer dans notre chère Anglèterre ces bonnes guerres civiles, où l'on se battait de franc jeu, où l'on n'entendait point parler de trahisons.

Lord Oxford donna à entendre à son hôte qu'il ne devait peut-être pas désespérer de voir s'accomplir le pieux désir qu'il formait de vivre et de mourir dans sa patrie, et dans l'exercice de sa profession. Il lui demanda ensuite de lui procurer le lendemain de bonne heure un passe-port et une escorte pour son fils qu'il était obligé de dépêcher sur-le-champ à Aix, résidence du roi René.

— Quoi! dit Colvin, le jeune lord Oxford va-t-il prendre ses degrés dans la cour d'Amour? On ne s'occupe dans la capitale du roi René d'autre affaire que d'amour et de poésie.

— Je n'ambitionne pas pour lui une pareille distinction, mon bon hôte; mais la reine Marguerite est avec son père, et il convient que ce jeune homme aille lui baiser la main.

— J'entends, dit le vétéran lancastrien; quoique nous touchions à l'hiver, je me flatte que nous pourrons voir la Rose-Rouge fleurir au printemps.

Il fit alors entrer le comte d'Oxford dans la partie de la tente qu'il devait occuper, et où il se trouvait aussi un lit pour Arthur. Leur hôte, comme nous pouvons appeler Colvin, les assura, en se retirant, qu'au point du jour des chevaux et des hommes d'armes sur qui il pourrait compter seraient prêts à conduire le jeune homme à Aix.

— Et maintenant, Arthur, lui dit son père, il faut nous séparer encore une fois. Dans ce pays où règnent tant de dangers, je n'ose vous donner aucune lettre pour la reine Marguerite, ma maîtresse; dites-lui que j'ai trouvé le duc de Bourgogne tenant fortement aux vues de ses intérêts personnels, mais assez disposé à les allier avec ceux de la maison de Lancastre. Dites-lui que je ne doute guère qu'il ne nous accorde les secours que nous lui demandons, mais non pas sans une abdication en sa faveur par le roi René et par elle-même. Dites-lui que je ne lui aurais jamais conseillé de faire un pareil sacrifice pour la chance précaire de renverser du trône la maison d'York, si je n'étais bien convaincu que le roi de France et le duc de Bourgogne sont comme deux vautours planant sur la Provence, et que l'un ou l'autre de ces princes, peut-être tous deux, sont prêts, à l'instant de la mort de son père, à fondre sur les domaines qu'ils lui ont laissés à regret pendant sa vie. Un arrangement avec le duc de Bourgogne peut donc, d'une part, nous assurer sa coopération active dans notre entreprise en Angleterre; et de l'autre, si notre noble maîtresse ne consent pas à la demande du Duc, la justice de sa cause ne mettra pas plus en sûreté ses droits héréditaires aux domaines de son père. Invitez donc la reine Marguerite, à moins que ses projets ne soient changés, à obtenir du roi René l'acte formel de la cession de ses domaines au duc de Bourgogne, avec le consentement exprès de Sa Majesté. Le revenu à assurer au roi et a elle-même sera réglé comme elle le désirera. On peut même laisser cet article en blanc, car je puis me fier à la générosité du duc de Bourgogne pour le remplir convenablement. Toute ma crainte, c'est que Son Altesse ne s'embarque....

— Dans quelque sot exploit nécessaire à son honneur et à la sûreté de ses domaines, ajouta une voix en dehors de la tente, et ne fasse ainsi plus d'attention à ses affaires qu'aux nôtres. N'est-ce pas cela, sire comte?

Le rideau qui formait, de ce côté, la porte de la tente se leva en même temps, et on vit entrer un homme portant le costume et la toque du soldat de la garde wallone, mais en qui Oxford reconnut sur-le-champ les traits durs du duc de Bourgogne, et son œil fier qui étincelait sous la fourrure et la plume dont sa toque était ornée.

Arthur, qui n'avait jamais vu ce prince, tressaillit en voyant entrer un inconnu, et porta la main sur son poignard. Mais son père lui fit un signe qui lui fit baisser le bras, et il vit avec surprise le respect solennel avec lequel le comte reçut le prétendu soldat. Les premiers mots qui furent prononcés lui expliquèrent ce mystère.

— Si ce déguisement a été pris pour mettre ma foi à l'épreuve, noble Duc, dit le comte, permettez-moi de vous dire qu'il était inutile.

— Convenez, Oxford, répondit Charles, que je suis un espion courtois; car j'ai cessé de jouer le rôle d'écouteur aux portes, à l'instant même où j'avais lieu de penser que vous alliez dire quelque chose qui exciterait mon courroux.

— Sur ma parole de chevalier, Monseigneur, si vous étiez resté derrière la tente, vous n'auriez entendu que les mêmes vérités que je suis prêt à dire en présence de Votre Altesse, quoiqu'elles eussent été peut-être exprimées un peu plus librement.

— Eh bien! dites-les donc, et de la manière qu'il vous plaira. Ils en ont menti par la gorge, ceux qui disent que Charles de Bourgogne s'est jamais offensé des avis donnés par un ami dont il connait les bonnes intentions.

— J'aurais donc dit que tout ce que Marguerite d'Anjou avait à craindre, c'était que le duc de Bourgogne, à l'instant de prendre son armure pour gagner la Provence pour lui-même, et pour aider de son bras puissant ma maîtresse à faire valoir ses droits en Angleterre, ne se laissât détourner d'objets si importans par le désir imprudent de se venger d'affronts imaginaires qui lui ont été faits, comme il le suppose, par certaines confédérations de montagnards des Alpes, contre lesquels il est impossible de remporter un avantage important, ou d'acquérir de la gloire, et au risque de perdre l'un et l'autre. Ces hommes, Monseigneur, demeurent au milieu de rochers et de déserts presque inaccessibles; ils se contentent de si peu de chose pour leur nourriture, que le plus pauvre de vos sujets mourrait de faim s'il était assujetti au même régime. Ils sont formés par la nature de manière à servir de garnison aux montagnes au milieu desquelles elle les a placés, et qui sont autant de forteresses. Pour l'amour du ciel! ne vous mettez pas en guerre avec eux, mais marchez vers un but plus noble et plus important, sans mettre en mouvement un nid de guêpes, dont les piqûres sont capables de mettre en fureur ceux qu'elles attaquent.

Le Duc avait promis de la patience, et il s'efforça de tenir parole; mais les muscles gonflés de son visage et ses yeux étincelans annonçaient combien il lui en coûtait pour retenir son courroux.

—Vous êtes mal informé, milord, répondit-il; ces hommes ne sont pas les bergers et les paysans paisibles qu'il vous plaît de les supposer. S'ils n'étaient que cela, il me serait possible de les mépriser. Mais, fiers de quelques victoires qu'ils ont remportées sur les indolens Autrichiens, ils ont secoué tout respect pour l'autorité; ils se donnent des airs d'indépendance, forment des ligues, font des invasions, prennent des villes d'assaut, jugent et font exécuter des hommes de noble naissance au gré de leur bon plaisir. Tu as l'esprit obtus, Oxford, car tu as l'air de ne pas me comprendre. Pour agiter ton sang anglais, et te faire entrer dans mes sentimens à l'égard de ces montagnards, apprends que ces Suisses sont de véritables Écossais pour les parties de mes domaines dont ils sont voisins; pauvres, fiers, féroces; s'offensant aisément, parce qu'ils gagnent à la guerre; difficiles à apaiser, parce qu'ils nourrissent un esprit de vengeance; toujours prêts à saisir l'occasion favorable pour attaquer un voisin quand il est occupé d'autres affaires. Oui, les Suisses sont pour la Bourgogne et pour ses alliés des ennemis aussi remuans, aussi perfides, aussi invétérés, que les Ecossais pour l'Angleterre. Que diras-tu maintenant? Puis-je songer à aucune entreprise importante avant d'avoir terrassé l'orgueil d'un tel peuple? Ce ne sera l'affaire que de quelques jours. Je saisirai le porc-épic des montagnes avec mon gantelet d'acier.

— Ils donneront donc moins de besogne à Votre Altesse que nos rois d'Angleterre n'en ont eu avec les Écossais. Nos guerres avec eux ont duré si long-temps, et ont été si sanglantes, que les hommes sages regrettent encore qu'on les ait jamais entreprises.

— Je n'entends pas faire aux Écossais l'affront de les

comparer, sous tous les rapports, à ces manans des montagnes de Suisse. La noblesse du sang et le courage se trouvent en Écosse, et nous en avons vu bien des exemples. Ces Suisses, au contraire, ne sont qu'une race de paysans, et si quelques-uns d'entre eux peuvent se vanter d'une naissance plus distinguée, il faut qu'ils la cachent sous le costume et les manières de ces rustres. Je ne crois pas qu'ils soutiennent une charge de ma cavalerie du Hainaut.

— Non, si la cavalerie peut trouver un terrain propre à une charge. Mais....

— Pour réduire vos scrupules au silence, dit le Duc en l'interrompant, apprenez que ces manans encouragent par leur protection et leur aide la formation des conspirations les plus dangereuses dans mes domaines. Je vous ait dit que mon gouverneur, sir Archibald Von Hagenbach, a été assassiné après la prise de la ville de la Férette par ces traîtres, vos bons Suisses. Et voici un chiffon de parchemin qui m'annonce que mon serviteur a été mis à mort en vertu d'une sentence du Vehmé-Gericht, bande d'assassins secrets, dont je ne souffrirai jamais les attroupemens dans aucune partie de mes domaines. Que ne puis-je les trouver sur la surface de la terre aussi aisément qu'ils se rassemblent dans ses entrailles! Voyez l'insolence de cet écrit.

Cet écrit portait, avec la date du jour et du mois, que sentence de mort avait été rendue contre Archibald Von Hagenbach, par le saint Vehmé, et qu'elle avait été mise à exécution par ses officiers, qui n'étaient responsables de leur conduite qu'à leur tribunal ; cet écrit était contresigné en encre rouge, et scellé du sceau de la société secrète, un rouleau de cordes et un poignard.

— J'ai trouvé cette pièce clouée sur ma toilette avec un poignard, reprit le Duc. C'est un autre de leurs tours, pour ajouter le mystère à leurs jongleries homicides.

Le souvenir du danger auquel il avait été exposé dans l'auberge de Mengs, et les réflexions qu'il fit en ce moment sur l'étendue et le pouvoir de ces associations secrètes, firent frémir involontairement le brave Anglais.

— Pour l'amour de tous les saints qui sont dans le ciel, Monseigneur, dit-il, prenez garde à la manière dont vous parlez de ces redoutables sociétés, dont les agens nous entourent, et sont sur notre tête et sous nos pieds. Personne n'est sûr de sa vie, quelque bien gardée qu'elle soit, si un homme prêt à sacrifier la sienne veut la lui ravir. Vous êtes environné d'Allemands, d'Italiens et d'autres étrangers. Combien s'en peut-il trouver parmi eux qui soient chargés de ces chaînes secrètes qui dégagent les hommes de tout autre lien social pour les unir en une confédération terrible dont ils ne peuvent plus sortir? Songez, noble prince, à la situation dans laquelle votre trône est placé, quoiqu'il brille de toute la splendeur de la puissance, quoiqu'il repose sur une base solide et digne d'un édifice si auguste. Je dois vous dire, moi, ami de votre maison, quand ce devraient être mes dernières paroles, que ces Suisses sont une avalanche suspendue sur votre tête, et que ces associations secrètes travaillent sous vos pieds pour produire les premières secousses d'un tremblement de terre. Ne provoquez pas une lutte dangereuse, et la neige restera immobile sur la cime de la montagne; la fermentation des vapeurs souterraines s'apaisera. Mais une parole de menace, un regard d'indignation ou de mépris, peuvent être le signal pour faire éclater ces deux fléaux.

— Vous semblez témoigner plus de crainte pour une troupe de manans à demi nus et pour une bande d'assassins nocturnes, que je ne vous en ai vu montrer pour des dangers réels. Cependant je ne dédaigne pas votre avis. J'écouterai avec patience les envoyés suisses, et je m'abstiendrai, si cela m'est possible, de leur faire voir le mépris avec lequel je ne puis m'empêcher de regarder leurs prétentions à traiter comme État indépendant. Je garderai le silence sur les associations secrètes, jusqu'à ce que le temps me fournisse les moyens d'agir, de concert avec l'Empereur, la diète et les princes de l'Empire, pour les chasser en même temps de tous leurs terriers. Eh bien! sire comte, est-ce bien parler?

— C'est bien penser, Monseigneur; mais c'est peut-être parler imprudemment. Vous êtes dans une situation où un seul mot, entendu par un traître, peut être une cause de ruine et de mort.

— Je n'ai pas de traîtres autour de moi, comte. Si je croyais qu'il en existât dans mon camp, j'aimerais mieux périr sur-le-champ par leur main, que de vivre perpétuellement en proie à la terreur et au soupçon.

— Les anciens serviteurs de Votre Altesse ne parlent

pas favorablement du comte de Campo-Basso, qui occupe un rang si élevé dans votre confiance.

— Oui, répliqua le Duc d'un ton calme, il est facile à la haine unanime de tous les courtisans de dénigrer le plus fidèle serviteur d'une cour. Je réponds que Colvin, votre concitoyen à tête de taureau, l'a noirci dans votre esprit comme tous les autres. Mais pourquoi? C'est que Campo-Basso prend soin de m'avertir, sans crainte et sans espoir de faveur, de tout ce qui va mal dans mon duché. Ensuite ses pensées sont jetées dans le même moule que les miennes, de sorte que je puis à peine le décider à s'expliquer sur ce qu'il entend le mieux, quand nous différons tant soit peu sous quelque rapport. Ajoutez à cela un extérieur plein de noblesse, de la grace, de la gaieté, une adresse parfaite dans tous les exercices de la guerre, et dans tous les arts de la paix qui conviennent à une cour. Tel est Campo-Basso. N'est-ce donc pas un joyau pour le cabinet d'un prince?

— Je vois qu'il possède tout ce qui est nécessaire pour former un favori; mais toutes ces qualités ne sont pas aussi propres à faire un fidèle conseiller.

— Fou soupçonneux ! s'écria le Duc ; faut-il donc te dire mon grand secret sur ce Campo-Basso? N'est-il que ce moyen de te guérir des soupçons chimériques que ton nouveau métier de marchand ambulant t'a probablement disposé à concevoir si légèrement?

— Si Votre Altesse m'honore de sa confiance, tout ce que je puis dire, c'est que ma fidélité y répondra.

— Sache donc, le plus méfiant des mortels, que mon bon ami, mon cher frère, Louis, roi de France, m'a fait donner avis en secret par un personnage qui n'était rien moins que son fameux barbier, Olivier le Diable, que Campo-Basso lui avait offert, pour une certaine somme d'argent, de me livrer à lui, mort ou vif.—Vous tressaillez?

— Et ce n'est pas sans raison, me rappelant que votre usage constant, Monseigneur, est d'être légèrement armé et mal accompagné, quand vous allez faire des reconnaissances ou visiter vos avant-postes, et songeant par conséquent combien il serait facile de mettre à exécution un tel projet de trahison.

— Bon, bon! tu vois le danger comme s'il était réel; mais rien ne peut être plus certain que si mon cher cousin, le roi de France, eût reçu une pareille offre, il eût été le dernier homme du monde à me prévenir de me tenir en garde contre cette perfidie. Non, non, il sait quel prix j'attache aux services de Campo-Basso, et il a imaginé cette accusation pour m'en priver.

— Et cependant, Monseigneur, si Votre Altesse veut suivre mon conseil, vous ne quitterez pas sans nécessité votre armure à l'épreuve du fer, et vous ne marcherez qu'avec une bonne escorte de vos fidèles Wallons.

— Tu voudrais donc, à l'aide du soleil et de l'acier, faire une carbonnade d'un malheureux comme moi, toujours consumé par une fièvre brûlante? Mais quoique je plaisante ainsi, je serai prudent. Quant à vous, jeune homme, vous pouvez assurer ma cousine, Marguerite d'Anjou, que je regarderai ses affaires comme les miennes; mais souvenez-vous aussi que les secrets des princes sont des présens dangereux, si ceux à qui ils sont confiés manquent de discrétion, mais qu'ils font la fortune de ceux qui savent les garder fidèlement. Vous en aurez la preuve, si vous me rapportez d'Aix l'acte d'abdication dont votre père vous a parlé. Adieu, adieu!

—Vous venez de voir, dit le comte d'Oxford à son fils, le portrait de ce prince extraordinaire, tracé par lui-même. Il est facile d'exciter son ambition et sa soif de pouvoir, mais il est presque impossible de lui faire prendre le chemin direct qui pourrait le conduire au point désiré. Il est toujours comme l'archer novice, dont l'œil est distrait du but par une hirondelle qui vole pendant qu'il tire la corde de son arc. Tantôt méfiant sans cause et injustement, tantôt s'abandonnant à une confiance sans bornes; naguère ennemi de la maison de Lancastre et allié de celle d'York, maintenant le dernier espoir et le seul appui de cette maison détrônée. Il est pénible d'avoir à regarder les joueurs, de voir comment on peut gagner la partie, et de se trouver, par le caprice des autres, privé de jouer comme il le faudrait. Que de grands intérêts dépendent de la détermination que prendra demain le duc Charles! et combien est faible mon influence pour le décider à agir comme l'exigent sa sûreté et notre avantage! Bonsoir, mon fils; laissons le soin des événemens à celui qui peut seul en diriger le cours.

CHAPITRE XXVII.

« Oui, mon sang est trop froid, puisque j'ai supporté
« Ces indignes propos sans qu'il ait fermenté.
« Vous le saviez fort bien, et votre impertinence
« Veut voir jusqu'à quel point ira ma patience. »

SHAKSPEARE.

L'AURORE éveilla le comte d'Oxford et son fils, et ses premiers rayons venaient à peine d'éclairer l'horizon du côté de l'orient, quand leur hôte, Colvin, entra avec un domestique portant quelques paquets qu'il déposa par terre, et qui se retira ensuite. Le général d'artillerie du

Duc leur annonça alors qu'il était chargé d'un message de la part de Charles de Bourgogne.

—Le Duc, dit-il, envoie à mon jeune maître d'Oxford quatre lanciers robustes pour l'escorter; une bourse d'or bien remplie pour fournir à ses dépenses à Aix, tant que ses affaires l'y retiendront; des lettres de créance pour le roi René, afin de lui assurer un bon accueil; et deux habits complets, convenables à un gentilhomme anglais qui désire être témoin des fêtes solennelles de la Provence, et à la sûreté duquel le Duc daigne prendre un grand intérêt. S'il a quelques autres affaires dans ce pays, Son Altesse lui recommande de les conduire avec prudence et discrétion. Le Duc lui envoie aussi deux chevaux pour son usage, un genêt marchant à l'amble pour la route, et un vigoureux cheval de Flandre, couvert de son armure, dans le cas où il en aurait besoin. Il est à propos que mon jeune maître change de vêtemens, et prenne un costume qui se rapproche un peu plus de son véritable rang. Ceux qui doivent le suivre connaissent la route; et ils sont autorisés, si les circonstances l'exigent, à requérir, au nom du Duc, l'assistance de tout fidèle Bourguignon. Il ne me reste qu'à ajouter que plus tôt mon jeune maître partira, plus on en tirera un augure favorable du succès de son voyage.

— Je suis prêt à monter à cheval dès que j'aurai changé d'habit, répondit Arthur.

— Et moi, dit son père, je n'ai nulle envie d'apporter le moindre délai au service dont il est chargé. Ni lui ni moi nous n'avons à nous dire autre chose que: Dieu soit avec vous! Qui peut savoir quand et où nous nous reverrons?

— Je crois, dit Colvin, que cela doit dépendre des mouvemens du Duc, qui peut-être ne sont pas encore déterminés; mais Charles compte que vous resterez avec lui, milord, jusqu'à ce que les affaires qui vous ont conduit ici soient définitivement arrangées. J'ai quelque chose de plus à vous dire en particulier, après le départ de votre fils.

Tandis que Colvin parlait ainsi avec le comte, Arthur, qui n'était qu'à demi habillé quand il était arrivé, profita de l'obscurité qui régnait dans un coin de la tente pour changer les simples vêtemens qui convenaient à son état supposé de marchand, contre un habit de voyage pouvant être porté par un jeune homme de condition attaché à la cour de Bourgogne. Naturellement, ce ne fut pas sans quelque sensation de plaisir qu'Arthur reprit un costume digne de sa naissance, et que les graces de son extérieur le rendaient plus digne que personne de porter; mais ce fut avec encore plus de joie qu'il jeta à la hâte autour de son cou, le plus secrètement possible, et qu'il cacha sous le collet et les plis de son beau pourpoint, une petite chaîne d'or élégamment fabriquée à la manière mauresque, comme on appelait alors ce genre de travail. C'était ce qu'il avait trouvé dans le petit paquet qu'Anne de Geierstein, cédant peut-être à ses propres sentimens autant qu'à ceux d'Arthur, lui avait remis entre les mains quand il l'avait quittée. Les deux bouts de la chaîne s'attachaient par le moyen d'un petit médaillon en or, sur un côté duquel on avait tracé avec la pointe d'une aiguille ou d'un couteau, en caractères très-petits, mais très-lisibles, les mots : ADIEU POUR TOUJOURS! tandis que de l'autre on pouvait lire, quoique peu distinctement : N'OUBLIEZ PAS A. DE G.

Tous mes lecteurs ont été, sont, ou seront amans ; il n'en est aucun qui ne puisse comprendre pourquoi Arthur suspendit soigneusement à son cou ce gage d'affection, de manière à ce que cette dernière inscription reposât immédiatement contre son cœur, dont chaque battement devait agiter le médaillon chéri.

Ayant achevé sa toilette, il fléchit un genou devant son père pour lui demander sa bénédiction et ses derniers ordres pour Aix.

Le comte le bénit d'une voix presque inarticulée, et lui dit, d'un ton encore mal assuré, qu'il avait déjà tout ce qui était nécessaire pour le succès de sa mission.

— Quand vous pourrez m'apporter les actes dont nous avons besoin, lui ajouta-t-il à voix basse, en reprenant sa fermeté, vous me trouverez près de la personne du duc de Bourgogne.

Ils sortirent de la tente en silence, et virent à la porte les quatre lanciers bourguignons, hommes de grande taille, et actifs, déjà en selle, et tenant deux chevaux sellés et bridés ; le premier était un coursier caparaçonné comme pour la guerre, l'autre un genêt plein d'ardeur, pour servir pendant le voyage ; un des soldats tenait en laisse un cheval de somme chargé des bagages, parmi lesquels Colvin informa Arthur qu'il trouverait les vêtemens qui lui seraient nécessaires en arrivant à Aix, et en même temps il lui remit une bourse pleine d'or.

— Thiébault, continua-t-il en lui montrant le plus âgé des hommes de l'escorte, mérite toute confiance; je garantis son intelligence et sa fidélité. Les trois autres sont hommes d'élite, et ils ne sont pas gens à craindre que leur peau soit entamée.

Arthur sauta en selle avec une sensation de plaisir bien naturelle à un jeune cavalier qui, depuis plusieurs mois, n'avait pas senti sous lui un cheval plein d'ardeur. Le genêt, impatient, trépignait et se cabrait. Arthur, ferme sur la selle, comme s'il eût fait partie de l'animal, dit seulement : — Avant que nous ayons fait une longue connaissance, mon beau Rouan, ton ardeur apprendra à se modérer un peu.

— Encore un mot, mon fils, lui dit son père, qui ajouta, en lui parlant à l'oreille, tandis qu'Arthur se baissait pour l'écouter : Si vous recevez une lettre de moi, ne vous croyez bien instruit de son contenu qu'après avoir exposé le papier à la chaleur du feu.

Arthur salua, et fit un signe au plus âgé des soldats de marcher en avant; et tous, lâchant la bride de leurs chevaux, traversèrent le camp au grand trot, le jeune homme faisant un dernier signe d'adieu à son père et à Colvin.

Le comte resta comme un homme occupé d'un songe,

suivant son fils des yeux, dans une sorte de rêverie qui ne fut interrompue que lorsque Colvin lui dit :

— Je ne suis pas surpris, milord, que mon jeune maître vous inspire tant de sollicitude ; c'est un galant jeune homme, méritant bien tout l'intérêt d'un père, et nous vivons dans un siècle de trahison et de sang.

— Je prends Dieu et sainte Marie à témoin, répondit Oxford, que, si je suis dans le chagrin, ce n'est pas seulement pour ma maison ; que, si j'ai de l'inquiétude, ce n'est pas mon fils seul qui la cause ; mais il est pénible de risquer un dernier enjeu dans une cause si dangereuse. Eh bien ! quels ordres m'apportez-vous de la part du Duc ?

— Son Altesse montera à cheval après avoir déjeuné. Le Duc vous envoie des vêtemens qui, s'ils ne sont pas ceux qu'exigerait votre rang, vous conviennent pourtant mieux que ceux que vous portez maintenant. Il désire que, gardant toujours votre incognito et la qualité de riche marchand anglais, vous fassiez partie de la cavalcade qui va le conduire à Dijon, où il doit recevoir la réponse des États de Bourgogne sur des objets soumis à leur examen, et où il donnera ensuite une audience publique aux députés de la Suisse. Il m'a chargé de vous placer de manière que vous puissiez voir à votre aise ces deux cérémonies, auxquelles il suppose que, comme étranger, vous serez charmé d'assister. Mais il vous a probablement dit tout cela lui-même, car je crois que vous l'avez vu déguisé la nuit dernière. N'ayez pas l'air si surpris. Le Duc joue ce tour trop souvent pour qu'il puisse le faire en secret. Il n'y a pas un palefrenier qui ne le reconnaisse, quand il traverse les tentes des soldats; et les vivandières le nomment l'espion espionné. Si l'honnête Henri Colvin était le seul qui en fût instruit, il se garderait bien d'en ouvrir la bouche; mais personne ne l'ignore. Allons, milord, quoique ma langue doive oublier de vous donner ce titre, voulez-vous venir déjeuner?

Le déjeuner, suivant l'usage du temps, était un repas substantiel, et un officier favori du duc de Bourgogne avait tous les moyens de recevoir avec une hospitalité distinguée un hôte qui avait droit à son respect. Mais avant qu'il fût fini, un son bruyant de trompettes annonça que le Duc et son cortège allaient monter à cheval. On présenta, de la part du Duc, un magnifique coursier à Philipson, nom que le comte d'Oxford continuait à porter; et il se joignit avec son hôte à la brillante réunion qui commençait à se former en face du pavillon du Duc. Ce prince en sortit au bout de quelques minutes, portant le superbe costume de l'ordre de la Toison-d'Or, dont son père avait été le fondateur, et dont Charles était lui-même le protecteur et le chef. Plusieurs de ses courtisans en étaient aussi revêtus, et ils déployaient, ainsi que leur suite, tant d'éclat, tant de splendeur, qu'ils justifiaient ce qu'on disait généralement, que la cour du duc de Bourgogne était la plus magnifique de toute la chrétienté. Les officiers de sa maison étaient tous à leur place, ainsi que les hérauts et les poursuivans d'armes, dont le costume, aussi riche que grotesque, produisait un effet singulier auprès des aubes et des dalmatiques du clergé, et des armures reluisantes des chevaliers et des vassaux. Le comte d'Oxford était placé parmi ces derniers, qui étaient équipés de diverses manières, suivant la nature du service dont ils étaient chargés. Il ne portait aucun uniforme militaire, et son costume n'était ni assez simple pour paraître déplacé au milieu de tant de splendeur, ni assez riche pour attirer sur lui l'attention. Il était à côté de Colvin, et sa grande taille, ses muscles et ses traits fortement prononcés, faisaient un contraste frappant avec l'embonpoint et la physionomie insouciante de l'officier de fortune.

Le Duc sortit du camp, et se dirigea vers la ville de Dijon, qui était alors la capitale de toute la Bourgogne; sa suite formait un grand cortège, dont l'arrière-garde était composée de deux cents arquebusiers d'élite, genre de soldats qui commençaient alors à être appréciés, et d'un pareil nombre d'hommes d'armes à cheval.

La ville de Dijon était défendue par de grands murs, et par des fossés dont l'eau était fournie par une petite rivière nommée l'Ouche, et par le torrent de Suzon. Quatre portes fortifiées, flanquées de redoutes, et auxquelles conduisaient des ponts-levis, correspondaient presque aux quatre points cardinaux. Trente-trois tours s'élevaient au-dessus des murailles, et étaient placées à différens angles pour les protéger. Les murailles ellesmêmes, qui avaient plus de trente pieds de hauteur, en beaucoup d'endroits, étaient d'une épaisseur considérable, et construites en grosses pierres carrées. Cette belle cité était entourée de montagnes couvertes de vignobles, et dans son sein s'élevaient les tours d'un grand nombre d'édifices publics et d'habitations particulières, qui, avec les cloches des églises et des monastères, attestaient la richesse et la dévotion de la maison de Bourgogne.

Quand les trompettes du cortège eurent averti la garde bourgeoise qui était à la porte de Saint-Nicolas, le pont-levis se baissa, la herse se leva, le peuple poussa de grands cris de joie, et Charles, placé au milieu de ses principaux officiers, entra dans la ville dont toutes les maisons étaient ornées de tapisseries. Il était monté sur un coursier blanc comme le lait, et suivi de six pages, dont le plus âgé n'avait pas quatorze ans, et dont chacun tenait en main une pertuisane dorée. Les acclamations générales avec lesquelles il fut salué prouvaient que, si quelques actes de pouvoir arbitraire avaient diminué sa popularité, il lui en restait assez pour qu'il fût accueilli dans sa capitale avec joie, sinon avec enthousiasme. Il est probable que la vénération conservée pour la mémoire de son père arrêta long-temps le mauvais effet qu'une partie de sa conduite devait produire sur l'esprit public.

Le cortège s'arrêta devant un grand édifice gothique situé au centre même de Dijon. On l'appelait alors la maison du Duc; et après la réunion de la Bourgogne à la France, on la nomma la Maison du Roi. Le maire de Dijon attendait Charles sur les degrés conduisant à ce palais.

Il était accompagné de tout le corps municipal, et escorté par un corps de cent bourgeois en habits de velours noir, tenant en main une demi-pique. Le maire s'agenouilla pour baiser l'étrier du Duc, et à l'instant où Charles descendit de cheval, toutes les cloches de la ville commencèrent à sonner d'un carillon capable d'éveiller tous les morts qui reposaient dans le voisinage des clochers.

Pendant cet accueil assourdissant, le Duc entra dans la grande salle du palais. A l'extrémité supérieure, on voyait un trône pour le souverain, des siéges pour les principaux officiers et pour ses vassaux les plus distingués, avec des bancs par derrière pour les personnes de moindre considération. Ce fut là que Colvin fit asseoir le noble Anglais; mais il eut soin de lui choisir une place d'où il pût voir facilement toute l'assemblée et le Duc lui-même; et Charles, dont l'œil vif et perçant parcourut tous les rangs dès qu'on fut assis, sembla indiquer par un léger signe de tête, marque imperceptible pour ceux qui l'entouraient, qu'il approuvait cet arrangement.

Quand le Duc et sa suite furent assis, le maire s'approchant de nouveau de la manière la plus humble, et s'agenouillant sur le plus bas degré du trône ducal, supplia le Duc de lui permettre de lui demander s'il avait le loisir d'entendre les habitans de sa capitale lui exprimer leur zèle et leur dévouement pour sa personne, et s'il daignerait accepter leur tribut d'affection, sous la forme d'une coupe d'argent remplie de pièces d'or, qu'il avait l'honneur de déposer à ses pieds, au nom des citoyens et du corps municipal de Dijon.

Charles, qui n'affectait jamais beaucoup de courtoisie, répondit d'un ton bref, et d'une voix naturellement dure et rauque : — Chaque chose à son tour, maître maire; nous entendrons d'abord ce que les États de Bourgogne ont à nous dire, après quoi nous écouterons les bourgeois de Dijon.

Le maire se releva et se retira, emportant sa coupe, aussi surpris que piqué, probablement, que ce qu'elle contenait n'eût pas été accepté sur-le-champ et ne lui eût pas valu un accueil plus gracieux.

— Je m'attendais, dit Charles, à trouver en ce lieu et à cette heure nos États du duché de Bourgogne, ou une députation pour m'apporter une réponse au message que nous leur avons envoyé, il y a trois jours, par notre chancelier. N'y a-t-il personne ici de leur part ?

Personne n'osant répondre, le maire dit que les membres des États avaient été en délibération sérieuse toute la matinée, et qu'ils se rendraient sans doute sur-le-champ devant Son Altesse, dès qu'ils apprendraient que la ville était honorée de sa présence.

— Toison-d'Or, dit le Duc au premier héraut de cet ordre, allez annoncer à ces messieurs que nous désirons connaître le résultat de leurs délibérations, et que ni la courtoisie ni la loyauté ne leur permettent de nous faire attendre long-temps. Parlez-leur clairement, sire héraut; ou sinon, je vous parlerai clairement à vous-même.

Pendant que le héraut s'acquitte de sa mission, nous profiterons de son absence pour rappeler à nos lecteurs que, pendant le moyen âge, la constitution de tous les pays de féodalité, c'est-à-dire de presque toute l'Europe, respirait un esprit ardent de liberté. Le seul défaut qui s'y trouvât, était que cette liberté, pour laquelle les grands vassaux combattaient, ne s'étendait pas jusqu'aux classes inférieures de la société, et n'accordait aucune protection à ceux qui étaient dans le cas d'en avoir le plus grand besoin. Les deux premiers ordres de l'État, la noblesse et le clergé, jouissaient de grands privilèges, et même le tiers-état, ou la bourgeoisie, avait le droit particulier de ne pouvoir être soumis à aucuns nouveaux droits ou impôts d'aucune espèce, sans qu'il y eût donné son consentement.

La mémoire du duc Philippe était chère aux Bourguignons; car, pendant vingt ans, ce prince avait maintenu son rang avec dignité parmi les souverains de l'Europe, et il avait accumulé des trésors sans exiger et sans recevoir aucune augmentation de revenu des riches pays qu'il gouvernait. Mais les projets extravagans et les dépenses excessives de Charles avaient déjà excité le mécontentement de ses États, et la bonne intelligence qui avait régné entre le prince et les sujets commençait à faire place, d'une part, au soupçon et à la méfiance, et de l'autre à une fierté hautaine qui méprisait l'opinion publique. L'esprit de résistance des États s'était irrité depuis peu, car ils avaient désapprouvé hautement différentes guerres que le Duc avait entreprises sans nécessité ; et les levées qu'il avait faites de corps nombreux de troupes mercenaires, leur faisait soupçonner qu'il pouvait finir par se servir des octrois que ses sujets lui accordaient pour étendre au-delà des justes bornes les prérogatives du souverain, et anéantir les droits et la liberté du peuple.

D'une autre part, cependant, le succès constant que le Duc avait obtenu dans des entreprises qui paraissaient non-seulement difficiles, mais impossibles à exécuter; l'estime qu'inspirait la noble franchise de son caractère ; la crainte que faisait naître un naturel ardent, obstiné et téméraire, presque inaccessible à la persuasion et ne souffrant jamais d'être contredit, entouraient encore le trône d'une terreur respectueuse, qu'augmentait aussi l'attachement de la populace pour la personne du duc Charles et pour la mémoire de son père. On avait prévu que, dans l'occasion présente, il s'élèverait dans les États une forte opposition aux nouvelles contributions que le Duc leur avait fait proposer d'établir, et le résultat de leurs délibérations était attendu avec beaucoup d'inquiétude par les conseillers du Duc, et avec impatience par le souverain lui-même.

Environ dix minutes s'étaient passées, quand le chancelier de Bourgogne, prélat de haut rang qui était archevêque de Vienne, entra dans la salle avec sa suite. En passant derrière le trône du Duc pour aller prendre une des places les plus honorables qui lui était réservée, il s'arrêta un instant pour engager son maître à recevoir la réponse des États en audience privée, lui donnant à entendre en même temps que le résultat de leurs délibérations n'était nullement satisfaisant.

— Par saint George de Bourgogne, monseigneur l'archevêque, s'écria Charles à voix haute et d'un ton ferme, nous ne sommes pas un prince dont l'esprit soit assez bas pour craindre l'humeur d'une faction mécontente et insolente. Si les États de Bourgogne envoient une réponse désobéissante et déloyale à notre message paternel, qu'elle soit prononcée en pleine cour, afin que le peuple assemblé puisse apprendre à juger entre son Duc et ces petits esprits intrigans qui voudraient empiéter sur notre autorité.

Le chancelier le salua gravement et s'assit à sa place. Pendant ce temps, le comte d'Oxford remarqua que la plupart des membres de l'assemblée, du moins ceux qui étaient à l'abri des yeux pénétrans de Charles, murmurèrent quelques mots à l'oreille de leurs voisins, dont quelques-uns ne répondirent que par un clin d'œil, un mouvement de la tête ou des épaules, comme on le fait souvent quand il s'agit d'une affaire sur laquelle on regarde comme dangereux de s'expliquer. En ce moment, Toison-d'Or, qui remplissait les fonctions de maître des cérémonies, rentra dans la salle, à la tête d'une députation des États, composée de douze membres, quatre de chaque ordre, qui furent annoncés comme étant chargés d'apporter au duc de Bourgogne la réponse de cette assemblée.

Lorsque la députation entra dans la salle, Charles se leva, suivant une ancienne étiquette, et dit en ôtant sa toque ornée d'un grand panache : — Salut et bienvenue à mes féaux sujets des États. Tous ses courtisans se levèrent et se découvrirent la tête avec le même cérémonial. Les membres des États fléchirent alors un genou ; les quatre ecclésiastiques, parmi lesquels Oxford reconnut le Prêtre de Saint-Paul, étant les plus près de la personne du souverain, les nobles au second rang, et les quatre bourgeois en arrière.

— Noble Duc, dit le prêtre de Saint-Paul, vous plaît-il d'entendre la réponse de vos fidèles et loyaux États de Bourgogne par la voix d'un seul membre parlant au nom de tous, ou par trois personnes, dont chacune vous fera connaître l'opinion de l'ordre dont il fait partie?

— Comme il vous plaira, répondit le Duc.

— En ce cas, reprit le prêtre de Saint-Paul, un prêtre, un noble, et un bourgeois de condition libre, adresseront successivement la parole à Votre Altesse ; car, quoique les trois ordres soient d'accord sur la réponse à vous faire, graces en soient rendues au Dieu qui répand parmi des frères un esprit d'unanimité, chacun d'eux a eu des motifs différens qui ont influé sur sa détermination.

— Nous vous entendrons l'un après l'autre, dit le

Duc en remettant sa toque sur sa tête. Et s'asseyant au même instant, il s'appuya nonchalamment sur le dossier de son fauteuil. Alors tous ceux qui étaient de sang noble, soit dans la députation, soit parmi les spectateurs, firent preuve de leur droit à être regardés comme pairs du souverain, en remettant aussi leurs toques, et un nuage de plumes ondoyantes donna tout à coup une nouvelle grace et une nouvelle dignité à l'assemblée.

Quand le Duc se fut assis, la députation se releva, et le prêtre de Saint-Paul, faisant un pas en avant, lui adressa la parole en ces termes.

— Monseigneur, votre loyal et fidèle clergé a pris en considération votre proposition d'imposer un droit de taille sur votre peuple pour vous mettre en état de faire la guerre aux Cantons confédérés au milieu des Alpes. Cette guerre, Monseigneur, paraît à votre clergé injuste et oppressive de la part de Votre Altesse; il ne peut espérer que Dieu bénisse ceux qui porteront les armes pour la soutenir. Il est donc obligé de refuser la demande de Votre Altesse.

Les yeux du Duc se fixèrent d'un air sombre sur le porteur d'un message si désagréable. Il secoua la tête avec un de ces regards fiers et menaçans qui étaient parfaitement d'accord avec ses traits naturellement durs.

— Vous avez parlé, sire prêtre, fut la seule réponse qu'il daigna faire.

Un des quatre nobles, le sire de Mirebeau, prit alors la parole.

— Votre Altesse a demandé à sa fidèle noblesse, dit-il, qu'elle consentît qu'il fût levé de nouveaux impôts dans toute la Bourgogne, afin de soudoyer de nouvelles troupes d'étrangers pour soutenir les querelles de l'État. Monseigneur, les épées des nobles, des chevaliers et des gentilshommes bourguignons, ont toujours été aux ordres de Votre Altesse, comme celles de nos ancêtres sont sorties du fourreau pour vos prédécesseurs. Pour soutenir toute juste querelle de Votre Altesse, nous irons plus loin, et nous combattrons mieux que toutes les bandes mercenaires que vous pourriez lever en France, en Allemagne et en Italie. Nous ne pouvons donc consentir que le peuple soit chargé d'une taxe dont le produit est destiné à soudoyer des étrangers pour s'acquitter de devoirs militaires qu'il est de notre honneur et que nous avons le privilège exclusif de remplir.

— Vous avez parlé, sire de Mirebeau, fut encore toute la réponse du Duc. Il la prononça lentement et d'un ton réfléchi, comme s'il eût craint que quelque mot imprudent, arraché par la colère, ne lui échappât avec ce qu'il voulait dire. Oxford crut le voir jeter un regard sur lui avant de parler ainsi, comme si sa présence eût imposé un frein de plus à son courroux.

— Fasse le ciel, se dit-il à lui-même, que cette opposition produise l'effet qu'on devait en attendre, et qu'elle décide le Duc à renoncer à un projet imprudent, si hasardeux et si inutile.

Pendant qu'il faisait ces réflexions, le Duc fit signe aux députés du tiers-état de parler à leur tour. Celui d'entre eux qui obéit à cet ordre muet se nommait Martin Blok, riche boucher de Dijon.

— Noble prince, dit-il, nos pères ont été les sujets fidèles de vos prédécesseurs; nous professons les mêmes sentimens pour Votre Altesse, et nos enfans en feront autant à l'égard de vos successeurs. Mais quant à la requête que votre chancelier nous a faite, c'en est une que nos ancêtres n'ont jamais accordée, que nous sommes déterminés à refuser, et que les États de Bourgogne n'octroieront jamais, à quelque prince que ce soit, jusqu'à la fin des siècles.

Charles avait supporté avec un silence impatient les discours des deux premiers orateurs, mais la réponse ferme et hardie du député du tiers-état fut pour lui plus qu'il ne lui était possible d'endurer. Il s'abandonna à toute l'impétuosité de son caractère, frappa du pied de manière à ébranler son trône et à faire retentir la voûte de la salle, et accabla d'invectives l'audacieux bourgeois.

— Ane bâté, s'écria-t-il, faut-il donc aussi que je t'entende braire ? Le noble peut réclamer le droit de parler, parce qu'il sait combattre; le prêtre peut se servir de sa langue, c'est son métier; mais toi, toi qui n'as jamais versé que le sang de tes bestiaux, aussi stupides que toi-même, tu oses venir ici, comme un être privilégié, pour beugler devant le marche-pied du trône d'un prince? Sache, brute que tu es, que les taureaux n'entrent jamais dans un temple que pour être sacrifiés, et que des bouchers et des artisans ne peuvent être admis en présence de leurs souverains que pour avoir l'honneur de tirer de leurs trésors accumulés de quoi fournir aux besoins publics!

Un murmure de mécontentement, que la crainte du courroux du Duc ne put même réprimer, se fit entendre dans toute l'assemblée à ces paroles, et le boucher de Dijon, plébéien résolu, répliqua sans beaucoup de respect: — Nos bourses sont à nous, Monseigneur, et nous n'en mettrons pas les cordons entre les mains de Votre Altesse, à moins que nous ne soyons satisfaits de l'usage auquel notre argent doit être employé. Du reste, nous savons comment protéger nos personnes et nos biens contre des pillards et des maraudeurs étrangers.

Charles était sur le point d'ordonner qu'on arrêtât le député; cependant un regard qu'il jeta sur le comte d'Oxford, dont la présence, en dépit de lui-même, lui imposait quelque contrainte, lui fit changer de résolution, mais ce fut pour commettre un autre acte d'imprudence.

—Je vois, dit-il en s'adressant à la députation des Etats, que vous êtes tous ligués pour contrarier mes projets, et, sans doute, pour me priver de tout le pouvoir de la souveraineté, sauf le droit de porter une couronne ducale, et d'être servi à genoux comme un second Charles-le-Simple, tandis que les États de mes domaines se partageront la réalité du pouvoir. Mais vous apprendrez que vous avez affaire à Charles de Bourgogne, à un prince qui, quoiqu'il ait daigné vous consulter, est en état de livrer des bataillles sans le secours de ses nobles, puisqu'ils lui refusent l'aide de leurs épées; de faire face aux dépenses d'une guerre sans l'assistance de ses sordides bourgeois; et peut-être de trouver le chemin du ciel sans les prières d'un ingrat clergé. Je prouverai à tous ceux qui sont ici présens combien la réponse séditieuse que vous venez de faire au message dont je vous avais honorés a fait peu d'impression sur mon esprit, et a peu changé mes résolutions. Toison-d'Or, faites venir en notre présence ces députés, comme ils se disent, des villes et Cantons confédérés de la Suisse.

Oxford, et tous ceux qui prenaient un véritable intérêt à la prospérité du Duc, l'entendirent avec la plus vive inquiétude annoncer sa résolution de donner audience aux envoyés suisses, prévenu comme il l'était déjà contre eux, dans un moment où il était courroucé au plus haut degré par le refus des États de lui accorder un octroi. Ils savaient que les obstacles que rencontrait sa colère étaient comme des rochers dans le lit d'un fleuve, qui ne peuvent en arrêter le cours, mais qui en font bouillonner et écumer les flots. Chacun sentait que le dé était jeté, mais il aurait fallu être doué d'une prescience qui n'appartient pas aux mortels pour se figurer toutes les conséquences qui pouvaient en résulter. Oxford, en particulier, concevait que l'exécution de son plan de descente en Angleterre était le principal objet qui se trouvait compromis par l'obstination téméraire de Charles; mais il ne se doutait pas, il aurait cru rêver, s'il avait pu le supposer, que la vie de ce prince lui-même, et l'existence de la Bourgogne, comme royaume indépendant, étaient dans le même bassin de la balance.

BIBLIOTHÈQUE NATIONALE

FIN DU TOME TROISIÈME DE CHARLES LE TÉMÉRAIRE.

www.ingramcontent.com/pod-product-compliance
Lightning Source LLC
Chambersburg PA
CBHW060027100426
42740CB00010B/1618